江西省社会科学基金项目"创新网络对组织间知识转移及技术创新能力影响机制研究"（批准号：16GL26）资助；江西省自然科学基金资助项目"创新网络特征对企业网络搜寻及技术创新的作用机制研究"（批准号：2018BAA208010）资助；国家自然科学基金项目"社会网络结构嬗变对企业间知识共享的影响机制研究"（批准号：71661022）资助

嵌入性视角下董事会介入企业创新战略及效果研究

徐秋萍　著

中国财经出版传媒集团
经济科学出版社
Economic Science Press

图书在版编目（CIP）数据

嵌入性视角下董事会介入企业创新战略及效果研究／
徐秋萍著 . —北京：经济科学出版社，2021. 11
ISBN 978 - 7 - 5218 - 3031 - 6

Ⅰ . ①嵌…　Ⅱ . ①徐…　Ⅲ . ①董事会 - 关系 - 企业创
新 - 研究　Ⅳ . ①F271. 5 ②F273. 1

中国版本图书馆 CIP 数据核字（2021）第 221999 号

责任编辑：杨晓莹
责任校对：郑淑艳
责任印制：张佳裕

嵌入性视角下董事会介入企业创新战略及效果研究
徐秋萍　著
经济科学出版社出版、发行　新华书店经销
社址：北京市海淀区阜成路甲 28 号　邮编：100142
教材分社电话：010 - 88191309　发行部电话：010 - 88191522
网址：www. esp. com. cn
电子邮箱：bailiujie518@ 126. com
天猫网店：经济科学出版社旗舰店
网址：http：//jjkxcbs. tmall. com
北京密兴印刷有限公司印装
710 ×1000　16 开　9. 75 印张　210000 字
2021 年 11 月第 1 版　2021 年 11 月第 1 次印刷
ISBN 978 - 7 - 5218 - 3031 - 6　定价：42. 00 元
（图书出现印装问题，本社负责调换。电话：010 - 88191510）
（版权所有　侵权必究　打击盗版　举报热线：010 - 88191661
QQ：2242791300　营销中心电话：010 - 88191537
电子邮箱：dbts@ esp. com. cn）

前　　言

　　当今伴随着经济全球化进程的加快和信息技术的日益革新，公司所面临的外部商业环境也呈现出复杂多变趋势，无论是实务界还是理论界，都越来越重视董事会在企业战略中的作用，而传统的公司现代管理制度更多地强调董事会的治理职能。在当前时代背景下，企业实践家和理论研究者对董事会战略角色的认识，已从控制角色向战略角色的演进，开始重点关注对董事会参与企业的战略决策过程及效果。与此同时，随着企业间网络的快速发展，企业战略决策者更加倾向于跨越组织边界，与其他的企业建立重要的联系。越来越多企业的董事在两家以上的企业担任董事职务而形成了企业间关联关系，这些在其他企业兼任董事职位的董事会成员被称为连锁董事。连锁董事的存在已经是非常普遍的经济社会现象，并已成为发达国家日益重要的一种企业制度安排方式。近年来，连锁董事制也得到了越来越多国内企业的采用，并发挥着巨大的作用。连锁董事网络作为企业重要的组织网络形式，促使企业与外界进行互动，有利于企业获取外部环境中有效的信息和重要资源。可见，这种新型的网络形态成为一种重要的合作方式也备受关注。因此，董事会介入企业创新战略及其绩效的影响是当今人们关注的一个重要议题。

　　纵观以往的研究成果，绝大多数研究集中在董事会治理结构对企业绩效的影响上，而董事会对企业战略的重要影响曾被极大的忽视。随着近年来董事会越来越多地参与到企业战略管理过程中，董事会的战略作用才受到了国内外学者广泛地关注。由此，当前研究重点也正在从董事会治理功能研究向董事会战略功能这一研究方向转变。但目前国内外对董事会介入战略的机制研究仍然十分有限，尤其是董事会介入企业创新战略影响的研究尚待补充和拓展。为了弥补现有研究的不足，本书根据嵌入性的分析视角，即企业经济行为受到其所嵌入的社会关系或结构的影响，认为企业的经济行为嵌入到董事会认知和连锁董事网络之中，并受到董事会认知能力和连锁董事网络结构的影响，从而提出从董事会的认知嵌入和网络结构嵌入这两个层面来探讨董事会介入企业创新战略及其绩效作用机制。为了深入探索上述的研究主题，本书借鉴社会网络分析方法，整合高层梯队理论和资源依赖理论，深入分析董事会介入企业创新战略及效果，构建了"认知—网络—战略—绩效"的分析模式，将董事会认知异质性、连锁董事网络、创新战略和企业绩效纳入到一个统一的分析框架中，系统地考察它们之间的相互关系，并通过实证分析来得出重要研究结论，为理论研究和企业实践提供经验启示。

目　　录

第1章 绪 论

1.1 研究背景

1.1.1 现实背景

1.1.1.1 董事会战略角色的重要性日益凸显

随着中国经济体制的不断改革与深化，经济转型期的中国企业逐步建立起了现代企业制度，公司治理是现代企业制度的重点，它是一种协调制约的重要机制。以往公司治理认为股东大会是公司的最高权力机构，拥有对公司一切重大事务进行决策的权力，例如有权对董事进行选任和解聘，有权对公司经营管理事务进行决策，从而赋予股东大会极高地位和极大的权力。董事会仅仅成为了股东大会决议的执行者。然而，伴随着经济全球化进程的加快和信息技术日益革新，公司所面对外部商业环境也呈现出复杂多变趋势，股东中心主义显然已很难应对新时期的变化。由于公司制度中所有权和控制权的分离，公司股东并不参与公司具体的经营管理事务，个体股东所掌握的市场信息也不完备，可能缺乏公司管理所需要的专业知识和技能，并对整个行业状况不太了解；因此，股东不仅很难监督和控制管理层可能做出不利于所有者的投机行为，而且也难以对企业重大经营管理决策做出有效判断，从而不利于公司经营管理效率的提高。因此，在公司制度的深入发展演变和企业实践的沿革中，公司治理中股东大会的权力也逐步被弱化，需要董事会替代公司的股东大会来解决所有者和经营者的矛盾问题，对管理层进行有效的监督和控制，确保管理者的行为能够满足企业各方利益诉求并有利于企业的长远发展，并通过董事会成员个人所拥有的专业化知识、能力和资源来帮助管理层高效的做出管理决策并制订正确的企业战略方针，这就促使着实务界和理论界开始重新审视董事会在企业战略管理中承担的重要角色。

在外部竞争日益加剧的趋势下，董事会对企业战略管理的作用也凸显出来。董事会作为所有者与管理者的中介，是公司治理的核心，也是企业战略管理中的重要参与者之一，它承担着为公司战略决策提供创造性思维和建议，合理地分配内部资源并有效地建立企业与外界之间联系的重要任务（Johnson et al.，2011）。可见，董事会在企业中所承担的战略职能显得越来越重要，并已成为企业应对市场竞争环境的复杂性、动态性和不确定的重要机制（周建等，2010）。因此，在当今董事会运作实践过程中，董事会在企业战略管理中所扮演的角色并不仅仅局限于管理层的监督控制者，更是担任着企业战略决策中能力和信息资源的提供者和战略决策的参与者的角色。董事会的战略角色的转变也逐步超出了普通的公司治理实践和研究问题的范围，也正受到企业实践工作者和学术研究者们的普遍关注，深入地探讨董事会介入企业战略的问题，已经成为学术界和实务界的关注的一个热点议题。

1.1.1.2 网络型企业的发展促进连锁董事网络现象备受重视

随着经济全球化和知识经济时代的到来，企业的生产组织形式也发生着深刻的变革。曾倍受推崇的纵向一体化的生产组织形式逐渐受到挑战，更多的企业为适应时代需求转变其生产组织的形式，倾向于横向一体化、纵向分离、去非核心业务，这就促使了企业组织形式呈现扁平化、模块化和边界模糊化的新特征。正是因为企业组织形态发生了变化，单个企业不可能仅仅依靠有限的内部资源来长期独立进行企业的经营管理活动，而是要和其他企业进行联系和互动，充分获取和利用外部资源。因而，在当今竞争范式下，单个企业之间已不再是传统简单的零和博弈的竞争关系，而是企业或组织之间的竞合关系。相互合作的企业可以通过不同的组织间关系来获取所需的重要信息和各种社会资源，来弥补各自劣势，提高各自的可持续的竞争优势，以实现共同成长和发展的目的。因此，为了适应当今新经济时代的要求，企业从单个企业向网络型企业转化的趋势越来越明显。

同时，随着董事会在公司中的地位和作用日益增大，而连锁董事网络作为企业重要的网络形式而受到重视，连锁董事也逐渐成为极为普遍的经济社会现象。根据卢昌荣和陈仕华（2009）对我国 A 股上市公司的数据统计表明，2001 年 1038 家上市公司中有 513 家公司具有因连锁董事联结而形成的关联关系，占到样本总数的 54.43%，上市公司中拥有连锁董事的公司比值达到 50%，但自 2003 年开始，我国 1264 家 A 股上市公司中有连锁董事的公司达到 1044 家，占当年上市公司总数的 82.59%。在随后的几年里，拥有连锁董事的公司数量稳步上升，至 2009 年 1692 家上市公司中有 1484 家公司由于拥有连锁董事而形成的关联关系，占到样本总数的 87.71%，近几年内拥有连锁董事关系的公司仍会呈现出不断增加的趋势。更值得一提的是，连锁董事作为一种特殊的社会网络关系，已成为越来越多企业的战略选择。连锁董事网络带给公司战略的影响也不容小觑。连锁董事网络可以成为互惠于两方或多方企业的一种制度安排，是企业共享资源、减少不确定性、融通资金以及监控企业的一种需要（陈仕华，2007），连锁董事网络所蕴含信息或资源有助于企业的战略决策的选择。因此，在市场竞争日益激烈的背景下，企业要在动态复杂的竞争环境中获取持续竞争优势，不仅要有效地运用企业的内部资源，而且还需要从外部环境中获取重要信息和资源，而连锁董事网络作为企业间所形成的一种重要的网络形式，有利于企业与网络伙伴建立合作关系，并获取网络资源，促进企业产生更多创新决策方案以应对外部环境变化，增强竞争力并提升企业绩效。

1.1.2 理论背景

战略管理研究领域研究的重点是探讨企业在所面临的竞争日益激烈的外部环境中如何获得可持续的竞争优势（Barney，1991；Gulati，1999），其竞争优势的获得方式主要依靠企业整合内部资源和能力，有效地利用外部资源和机会并应对外部环境的不确定性，合理地进行战略定位和价值创造。近年来，国内外越来越多的学者将研究视角转向了公司治理和企业竞争优势关系上，强调良好的公司治理有助于增强投资者信心，合理运用企业资源，优化企业战略决策，最终提高企业的竞争优势（Gadhoum，1998；Ho，2005）。董事会和高管团队是公司治理核心机制中两个十分关键的要素，作为战略管理参与主体，已日益引起公司治理与战略管理这两个研究领域学者的广泛关注。但以往战略管理的研究重点集中在企业的高层管理团队，许多研究学者根据汉布瑞克和梅森（Hambrick & Mason，1984）提出的高层梯队理论，更多地关注高层管理团队人口统计特征，如种族、性别、年龄、任职期限、职业经验背景、教育程度等特征及其异质性对企业绩效的影响（如魏立群和王智慧，2002；张平，2006；Cannella et al.，2008）；也有一些学者研究考察了这些特征是如何影响战略选择和行为的（Goodstein & Boeker，1991；Hambrick，2007），并取得了较好研究成果。随后，在这一研究潮流中，约翰逊等（Johnson et al.，2005）却提出了大多数人所忽视的问题：公司治理中的董事会存在的目的又何在？他们在战略决策中扮演着什么样的角色并如何发挥作用？这些问题的提出促使学者们从多种理论视角来重新审视董事会存在的意义。国外学者卡特（Carter，2006）和汉布瑞克（Hambrick，2007）也鼓励学者们去探索这一研究领域，特别是考察公司治理中董事会哪些重要因素会影响企业战略选择方式。

纵览国内外对董事会研究的成果，以往的研究主要是基于委托代理理论和资源依赖理论来集中研究董事会结构或特征对公司绩效影响。具体来看，基于委托代理理论的研究认为董事会是公司治理的核心，被视为防止管理层机会主义行为和保证股东利益的一个重要机制，其主要职能是监督控制管理层。进而，研究学者们开始对董事会治理以及董事会人口统计特征与企业绩效之间的关系展开了广泛的研究，如董事会构成、董事会规模、董事会领导权结构和董事会会议次数等对绩效的影响（Brickley，1997；Black，2002；Salameh，2006；Rebeiz & Salameh，2006；宋增基和张宗益，2003；张慧和安同良，2005；刘玉敏，2006）；基于资源依赖理论的研究认为董事会是资源的提供者，有助于从外部环境中获得关键性资源，提高企业的威望和合法性，因而学者们关注董事会的人力资本和社会资本与公司绩效的关系（Hillman & Dalziel，2003）。可见，在过去的研究中，董事会对企业战略影响一度被忽视，但随着董事会不断参与到战略规划和实施过程中（Baysinger & Hoskisson，1990；Judge & Zeithaml，1992），董事会的战略作用受到了广泛的关注，学者们开始强调董事会有必要介入企业战略管理过程，以便制约和引导管理层的战略制定和实施行为，从而保证企业战略决策的科学化（Barney，2001）。因此，当前研究重点正在从董事会治理功能研究向董事会战略功能这一研究方向转变。然而，国内外对董事会介入战略的研究还是十分有限，国外学者还是更多关注董事会治理结构特征对战略和绩效的研究，有少量研究成果从董事会资本和连锁董事网络进行研究，其中国外学者近年来更多关注董事会资本和连锁董事网络对并购战略和战略联盟，国内学者则关注其对多元化战略选择的研究。而当今创新已经成为企业获取竞争优势，扩大市场份额和增加公司绩效的关键战略之一（周建和李小青，2012），董事会对企业创新战略影响的研究还是空白，因此，董事会认知异质性和连锁关系网络对企业创新战略的影响研究已成为当今学术研究领域的难点和热点问题。

1. 2　研究问题的提出

根据上述现实与理论背景的分析可以看出，无论实践界还是学术界，人们逐渐意识到董事会的战略功能的重要性，并开始探索董事会如何在企业的战略管理中发挥巨大作用。同时，企业由于拥有连锁董事而与其他企业形成的联结关系，最终形成了连锁董事网络，而这种新型企业间网络形式会给企业的战略带来怎样的影响，也成为了当今研究的热点问题。为了系统而深入地探讨这些重要议题，本书基于嵌入性理论视角，结合高层梯队理论和资源依赖理论等相关理论，从董事会认知嵌入和连锁董事网络嵌入两个层面对企业创新战略及企业绩效的影响进行分析。具体来看，本书主要从以下三个问题进行详细的分析。

1. 2. 1　探讨董事会凭借什么来介入企业创新战略

董事会在企业战略管理过程的重要作用，早已不仅仅体现在董事会的治理职能方面，而更多地体现在董事会所承担的战略职能，由此而引发了一个问题，即董事会凭借什么来介入企业战略，尤其是企业创新战略。本书基于对大量文献的阅读和分析，认为董事会不仅可以通过董事成员自身的知识技能和职业经验等为企业创新战略提供创新性思维，而且还可以通过董事会的社会网络资本为企业创新战略提供所需的资源和信息。因此，本书借鉴嵌入性理论的观点，提出董事会从认知嵌入的微观层面和网络嵌入的中观层面来深入探讨董事会介入企业创新战略及其效果的作用机理。

1. 2. 2　考察董事会认知异质性如何影响企业创新战略及效果

从嵌入性理论研究视角来看，董事会可以通过其认知能力嵌入到企业创新战略及其效果之中，而董事会认知水平的差异性会对企业的创新战略和绩效产生不同影响。纵观国内外的研究文献，虽然近年来有少量的学者对董事会特征与企业创新战略进行了研究，但是在董事会认知异质性研究方面还是十分缺乏，仍需展开广泛的研究。因此，本书基于高层梯队理论，对董事会认知异质性的内涵及其测量进行界定；理清董事会认知异质性与企业创新战略及其绩效之间的逻辑关系并提出研究假设；并通过实证研究对董事会从认知层面介入企业创新战略及其效果进行检验，并以此来指导企业实践。

1.2.3 考察连锁董事网络如何影响企业的创新战略及绩效

从网络嵌入的层面来看，连锁董事网络是重要的企业间组织网络形态之一，蕴含着大量的信息和重要的资源。企业可以通过连锁董事所建立的网络关系来获取这些重要的网络资源，有助于企业创新战略的选择，促进企业绩效的提高。但是，从国内外研究成果来看，连锁董事网络对企业绩效的影响作用在学术界一直没有定论，还需进一步地验证。同时目前国内外学者对连锁董事网络对企业的创新战略的影响研究也有待深入。因此，本书结合资源依赖理论，运用社会网络分析方法，全面系统地对连锁董事网络如何影响创新战略和企业绩效进行深入分析。

1.3 研究意义

1.3.1 理论意义

（1）丰富并深化现有董事会与公司战略之间关系的研究

随着学者们越来越重视董事会在企业战略中的作用，现在国内外研究者对董事会战略角色的认识，已从控制角色向战略角色的演进，开始重点关注对董事会参与企业的战略决策进行研究。从目前的研究成果来看，国内外较多学者研究了公司治理或董事会特征对公司绩效的影响，而较少研究考察了董事会对企业战略的影响，并且在现有研究中关于董事会如何为企业战略作出贡献，以及董事会凭借什么来介入公司战略的问题，到目前为止学者们并没有达成一致性意见，这方面的研究还有待深入探索。因此，基于这种研究现状，本书基于嵌入性视角，从董事会战略角色的认知嵌入和连锁董事关系网络嵌入来探索它们对公司创新战略及绩效的影响，这将有助于在一定程度上解答上述问题，从而丰富董事会介入公司战略的相关研究，具有重要的理论价值。

（2）补充并拓展连锁董事的相关研究

虽然连锁董事已是非常普遍的经济社会现象，但是连锁董事的相关研究尚不多见。从现有的连锁董事文献中可以看出，有少数研究讨论了连锁董事对公司治理、公司并购、战略联盟和企业绩效等的影响，而对企业创新战略的影响方面的研究十分有限。对企业是否可以通过连锁董事网络中获取最新的信息技术和关键性的知识经验等有用的各种网络资源，来促进其进行网络间组织学习并产生创新行为这一问题的讨论，仍需从理论上和实证上进行深入探索。因此，本书基于现有的研究成果，探讨连锁董事网络与企业创新战略选择之间关系，并且系统分析连锁董事网络通过公司创新战略间接地影响公司绩效的过程，这将是对当前连锁董事研究的有益的补充。

1.3.2　现实意义

（1）为改善董事会战略功能和提高企业绩效提供启示

无论在理论界还是实务界，越来越达成一种共识，那就是董事会除了控制功能，还在公司的战略决策过程中扮演着资源或服务的提供者和战略决策参与者的角色。作为决策参与者而言，董事自身的背景经验、知识技能和认知水平会影响企业的战略管理过程，并最终作用于公司绩效；而作为资源提供者，董事会中连锁董事网络中所蕴含社会资本，能够为企业创新提高更多资源、信息和机会，有利于企业发展。因此，对董事会介入企业创新战略及效果的研究，能够为了解并提高董事会的战略功能的有效性和改善企业绩效方面提供一定的经验启示。

（2）为公司治理相关制度设计和战略选择体系方面提供重要的参考

在知识经济时代，当今的竞争范式发生了深刻的变化。连锁董事已成为发达国家日益普遍的一种企业制度安排方式。连锁董事网络作为组织网络中一种重要的合作方式也备受关注。对于处在经济转型特殊时期背景下中国企业而言，连锁董事研究具有重要的战略管理意义和企业实践意义。但由于目前对连锁董事网络研究不足，我国连锁董事网络的形成和产生过程还处于自发放任阶段，不仅缺乏相关连锁董事制度，并且其对企业战略管理作用尚不清晰。因此，本研究在中国现实背景下从嵌入视角研究连锁董事网络对企业战略和绩效的作用进行研究，对我国董事成员的选择、连锁董事网络相关制度设计和战略选择体系，具有重要的实践价值。

（3）有助于加强企业在竞争激烈的环境中的适应能力，提高企业可持续竞争优势

我国企业所面临的外部环境也越来越复杂多变，企业间的竞争也愈加激烈，这必然要求企业根据复杂动态的外部环境来适时、适当采取创新战略，以增强企业可持续的竞争优势并提高企业绩效。可见本研究对完善并优化董事会效能，提高企业对环境应变能力及促进企业发展等方面将具有深远的现实意义。

1.4　关键概念界定

1.4.1　董事会认知异质性

自汉布瑞克和梅森（Hambrick & Mason，1984）提出了"高层梯队理论"，并强调战略管理研究的重点不再局限于对单个领导者进行研究，应该更多地关注整个高管团队，并关注高层管理团队的人口统计特征及异质性的研究。根据高层梯队理论的观点，越来越多的学者开始重视对企业的高层管理团队和董事会的特征及其异质性的研究。杰克逊等（Jackson et al.，1996）认为异质性可以划分为两类，即外部可观察特质的异质性与内部深层特质的异质性。外部异质性是指在人口统计特征如种族、性别、年龄、职业背景和教育程度等方面的差异性；而内部异质性是指在价值观和认知基础方面的差异性。但是由于认知、价值观等团队成员内部异质性都难以测量（Miller et al.，1982），并且个体潜在的心理不易获得科学的论证（Glunk et al.，2001），而人口统计学特征数据相对容易获取并更容易获得实证结果，同时由于认知也主要是由所接受的教育和职业经验等演化而来的，人口统计学特征在相当程度上反映了他们的认知基础和价值观（Hambrick & Mason，1984），可见人口统计学特征是一个非常重要的代理变量，可以较好地对个人的价值观、态度和偏好等认知水平作出解释，进而影响对组织行为和绩效（Pfeffer，1983）。因此，本书将董事会认知异质性的内涵界定为：董事会成员间在重要的认知基础、价值观、偏好等方面的差异化（Finkelstein & Hambrick，1996）；并且基于现有研究成果用教育程度、任期和职业背景的异质性来反映董事会认知异质性。

1.4.2 连锁董事及连锁董事网络

（1）连锁董事

早年国外学者提出连锁董事这一概念，他们认为连锁董事的产生是企业为应对外部环境的不确定采取的一种战略（Schoorman，1981）[①]。而国内学者任兵等（2001）在《企业连锁董事在中国》一文中首次将连锁董事的概念引入国内学术研究领域[②]。随后，米兹鲁奇和斯登（Mizruchi & Stearns，1988）首次给出了连锁董事的定义，它是指个体成员在两家或两家以上的企业董事会中由于担任董事职务而形成的企业间关联关系[③]。值得一提的是，这里的连锁仅仅是指董事会成员兼任其他企业董事一职使所任职的企业间形成了这样一种连锁关系。例如，A 公司的董事成员甲，又兼任 B 公司的董事职务，则甲被称为连锁董事，而 A 公司和 B 公司由于共同有董事甲而形成了的公司间的连锁关系。由于董事会成员可能同时兼任两个以上的董事职务，因此由这些连锁董事形成的具有连锁关系的企业数量也可能会更多。根据斯科尔曼（Schoorman，1981）对连锁董事的分类，按照董事连锁方式不同，分为直接连锁董事和间接连锁董事这两种类型。直接连锁董事（direct interlocks）是指一家公司的董事兼任另一家公司的董事职务，而间接连锁董事（indirect interlocks）是指两家公司由于共同拥有第三家公司的董事而形成的间接连锁关系。如图 1.1 所示，A、B 和 C 是三家公司，A 公司的董事甲分别到 B 公司和 C 公司担任董事。因此，A 公司与 B 公司、A 公司与 C 公司中甲是直接连锁董事，A 公司与 B 公司、A 公司与 C 公司分别形成直接连锁董事关系；对 B 公司与 C 公司而言，甲是间接连锁董事，B 公司与 C 公司间由于都有第三家公司 A 公司的董事甲而形成了间接连锁关系。

（2）连锁董事网络

由于连锁董事的存在使得不同企业间形成了一种网络的形态，因此连锁董事网络可以定义为企业因连锁董事的联结关系而形成的企业间网络。在一

---

① Schoorman F D, Bazerman M H and Atkin R S. Interlocking directorates: A strategy for reducing environmental uncertainty [J]. Academy of Management Review, 1981, 6 (2): 243-251.

② 任兵, 区玉辉. 企业连锁董事在中国 [J]. 管理世界, 2001 (6): 132-141.

③ Mizruchi M S, Stearns L B. A longitudinal study of the formation of interlocking directorates [J]. Administrative Science Quarterly, 1988 (33): 194-210.

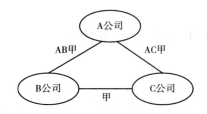

图1.1 直接连锁董事与间接连锁董事

个整体企业间网络中的每个点代表着拥有连锁董事的企业，每条线代表着企业因拥有连锁董事而产生的连锁关系。因此，对连锁董事网络的研究着重关注连锁网络中所存在的社会关系和结构对企业经济行为的影响。

值得指出的是，其一，虽然国内对连锁董事概念的界定较为一致，但是对其考查范畴还存在一些差异。在国内研究中，有学者把具有连锁关系的监事会成员包括在连锁董事之中，还有把具有连锁关系的高层管理人员作为连锁董事的考查范畴。本书强调连锁董事只包括董事会成员的连锁关系而形成的企业间网络关系，并不包括监事会和高管人员。这是由于我国公司治理制度中实行的是董事会和监事会分开的二元结构模式，而监事会主要是履行监督控制的职能，难以对公司战略管理产生影响；高管虽能和董事会一样具有相似的职能，但本研究主要讨论董事会介入公司战略，因此也不包含在内。其二，辨别连锁董事和关联董事这两个概念。虽然国内文献中并没有对关联董事给出解释性的定义，但可以明确的是关联董事更加强调的是董事在关联交易中的角色和作用。尽管关联董事与连锁董事可能存在重合或交叉，但若关联董事并不能因为关联交易而形成连锁董事，那么这种关联董事将不在连锁董事研究范围内。总之，上述详细地对连锁董事和连锁董事网络内涵和范围的界定，为后续的研究奠定了基础。

1.4.3 创新战略

经济学家熊彼特（Schumpeter，1912）认为，"创新就是建立一种新的生产函数，即把一种从来没有的生产要素和生产条件的新组合引入生产体系，从而形成一种新的生产能力，以获取潜在利润"，并提出"创新理论"为现代创新理论的发展奠定了最坚实的理论基础[①]。熊彼特对创新内涵的理论也

---

① 经济学家熊彼特（Schumpeter J A）在1912年发表的《经济发展理论》一书中最早提出"创新"的概念，并提出了"创新理论"（innovation theory）。

得到了许多学者的认同，随后，国内外许多学者在此基础上对创新进一步
地进行了深入研究，最终形成了技术创新和管理创新两大研究方向；其中，
技术创新主要是关注产品或服务、技术（Kamien & Schwartz，1975；Mansfield，1985；傅家骥，1998），而管理创新则强调于对组织结构、战略和制
度等方面的创新的研究（Higgins，1995；Davis & North，1998；朱伟民，
2007）。本书则侧重于以技术为主的创新战略，并对其给出可操作性定义：
创新战略是指企业在外部竞争环境中通过充分整合内外部资源，使用新的
知识或技术为顾客提供所需新产品或服务，以获取可持续竞争优势的一种
竞争战略。

1.4.4　企业绩效

企业作为独立的营利性组织，通过从事生产经营活动来为社会提供所需
的产品或服务，从而获得利润。企业绩效作为企业经营效益的重要的衡量依
据，是一个多维的概念，需用多种指标来综合测量。目前学术界对企业绩效
具体内容和测量的方面有着不同看法，但普遍认为企业绩效应该包括企业的
盈利能力、偿债能力和发展能力等诸多方面。目前国内较为常用的是财务绩
效和市场绩效两个方面来反映企业绩效。财务绩效可以反映企业的盈利能力、
资产运营水平和偿债能力等，一般衡量的指标包括总资产收益率（*ROA*）、净
资产收益率（*ROE*）、每股收益（*EPS*）等；市场绩效则主要是用股票的市场
价格来反映市场对于公司经营的预期情况，通常包括托宾 Q 值、市净率等指
标。但国内学者也指出由于可能存在股票市场违规的操作等相关人为情况，
导致股票市场价格并不能有效地反映公司价值（徐莉萍等，2006），因此，
本书采取财务绩效指标来反映企业绩效水平。

1.5　研究目的与研究内容

1.5.1　研究目的

本书以经济转型时期的我国上市公司年报所披露的相关数据，整合社会
网络理论、社会认知理论和资源依赖理论，并基于嵌入性视角，从董事会认

知嵌入和网络结构嵌入维度对董事会介入公司创新战略并组织效果进行理论和实证研究。本书的主要研究目的在于：其一，深入探索董事会认知异质性对企业创新战略、企业绩效之间的相互关系；其二，通过对相关文献进行梳理，界定连锁董事网络的内涵，并分析连锁董事网络对战略过程及组织结果的影响机制，以揭示连锁董事网络与创新战略、企业绩效之间的关系，从而为在我国情景下开展连锁董事研究和实践活动提供借鉴和参考；其三，整合董事会治理、社会网络、战略管理和企业绩效的相关研究，把它们纳入一个统一的分析框架中，系统地研究它们之间的相互关系，并对此做出实证检验，以达到修正模型、强化理论的目的。

1.5.2　研究内容与章节安排

本书在相关理论回顾和文献总结分析的基础上，从嵌入性视角出发，从认知嵌入和网络嵌入两个层面来构建不确定的外部环境下董事会介入企业创新战略及组织效果的整体分析框架，系统梳理董事会、创新战略、外部环境和企业绩效之间的内在机理和影响关系，通过手工搜集整理的二手数据进行实证分析。根据研究主题，本书的主要内容概括如下：

①对嵌入性理论、高层梯队理论以及资源依赖理论等进行综述，确定本研究的理论基础，对当前国内外的相关研究成果进行系统的分析，并归纳总结出多种理论和研究成果之间所存在的内在联系，通过对理论和文献的整理，为后续的研究奠定理论基础和文献基础。

②对研究中所关注的嵌入性、连锁董事网络、创新战略以及企业绩效的概念进行阐述，明确本研究所采用的定义及测量指标。

③分析董事会异质性、连锁董事网络、创新战略、企业绩效之间的相互影响作用机制。根据国内外研究成果和理论基础，通过理论整合和逻辑分析，构建本书的理论研究框架；在此框架的基础上，进行逻辑推演以理清各关键研究变量之间的逻辑关系和作用机理，从而提出本书具有的研究假设；借鉴国内外的研究成果，确定每个研究变量的测量方式，并以此来确定研究样本；对研究数据进行搜集、整理和分析，并且对本书的研究假设进行验证。

④通过对实证结果的讨论和分析，阐明董事会介入企业创新战略及其企业绩效的具体的作用机理，并指出本书的研究贡献并给出企业实践的参考性建议。

根据研究主题和具体内容，本书的框架结构包括了6个部分，下面对每章内容详细阐述如下。

第1章，绪论。在分析本研究的理论背景和现实背景的基础上，提出研究的理论意义和现实意义，通过对研究对象与关键概念的界定，明确研究目的，详细阐述研究内容，并提出本书中所运用的研究方法和技术路线，最后概括本书中可能存在的创新点。

第2章，研究回顾及文献综述。回顾嵌入性、公司治理、战略管理、连锁董事网络等研究领域的研究成果，确定本书的理论基础，并通过对文献的归纳整理，系统地了解已有的文献，评析以往研究的贡献和不足之处，指出当前研究的空白点和热点问题，提出从嵌入性视角来研究董事会介入企业创新战略及效果的研究方向，为全书的研究提供了理论和文献基础。

第3章，研究框架及研究假设。在前面对文献分析的基础上，提出主要研究框架，并根据相关理论基础和现有研究成果的主要观点，探索各研究变量之间的相互关系，最终提出相应的研究假设。

第4章，研究设计。确定的研究样本，对研究中的主要变量进行操作性定义并指出具体的测量方法，收集整理相关样本数据，并对其进行初步统计处理。

第5章，实证分析与假设检验。明确样本容量后，对各变量的均值、方差进行描述性统计分析，进行 Pearson 相关性检验，通过多元回归分析来验证自变量与因变量之间、中介变量和调节变量的相关假设，最后对实证分析结果进行讨论。

第6章，研究结论与展望。根据假设检验结果，归纳董事会介入公司创新战略及效果的主要结论，指出研究贡献和企业实践启示；最后总结本书的不足之处并指明未来的研究方向。

1.6　研究方法与技术路线

1.6.1　研究方法

本书拟采取文献分析法和理论演绎法这两种定性的规范研究，以及社会网络分析方法和统计分析方法的定量的实证研究相结合的研究方法，具体的研究方法阐述如下。

①在理论分析阶段，主要采用文献分析方法。针对主要研究问题，本书通过对当前国内外的研究成果分析发现，从董事会认知嵌入和网络结构的嵌入这两个维度来考察董事会对创新战略和企业绩效的影响作用的研究十分少见；与此同时，在外部环境影响的研究方面，国外研究较为丰富，国内对其进行研究尚不多见。因此，需要对大量国内外相关的研究文献的理解、分析和总结，以此来明确本书的理论基础和文献基础。

②在构建理论模型和假设推演阶段，主要采用定性的理论演绎分析方法。在此阶段，需要对嵌入性、连锁董事、社会网络和创新战略等国内内外相关的研究领域的研究成果进行回顾梳理，理顺已有的文献之间的逻辑关系，基于此来构建理论研究模型，并根据现有的理论基础和研究模型，演绎分析这些研究变量之间的逻辑关系并推导出研究假设。

③在数据获取阶段将采用二手数据。拟采用的数据主要来源于 CSMAR研究数据库，并通过上海证券交易所、深圳证券交易所、中国证券网、中国证券监督管理委员会等官方网站披露的公司年报信息来对部分数据进行补充和核对，从而得到有效的样本数据。

④在数据整理阶段，主要采取的是定量的社会网络分析方法。在分析连锁董事网络时，主要运用社会网络分析方法，它是一种从社会网络的角度来对社会关系结构进行可量化的分析技术，可以将社会个体之间关系、微观网络和相对较大规模社会系统中宏观结构结合起来，实现个体与群体、微观与宏观互动。Ucinet 是社会网络分析中最常用的软件，因此，在数据整理阶段，主要利用社会网络分析软件 Ucinet 6.0 来计算相关指标。

⑤在统计分析检验阶段，主要采取的是统计分析方法。在统计分析和假设检验时，主要利用统计软件 SPSS 22.0 进行数据进行因子分析、描述性统计分析和相关性分析，利用 Stata 16.0 进行多元回归分析对研究假设进行检验，并根据检验结果对理论模型进行解释或修正。

1.6.2 技术路线

结合本书研究主题，首先需要对回顾嵌入性、公司治理、战略管理、连锁董事网络等研究领域的研究成果，确定本研究的理论基础，并通过对文献的综述，评析以往研究的贡献和不足之处，指出当前研究的空白点和热点问题，提出从嵌入性视角来研究董事会介入企业创新战略及效果的研究方向，为全书的研究提供了理论和文献基础。其次，在前面对文献分析的基础上，提出本书的研究框架，并根据相关理论基础和现有研究成果的主要观点，探索各研究变量之间的相互关系，最终提出相应的研究假设。再次，确定本书的研究样本，对研究中的主要变量进行操作性定义并指出具体的测量方法，收集整理相关样本数据，实证分析与假设检验并对实证分析结果进行讨论。最终，根据假设检验结果，归纳董事会介入公司创新战略及效果的主要结论，指出研究贡献和企业实践的政策和建议。综合以上的研究技术过程，本书采用以下的技术路线进行深入研究，见图1.2。

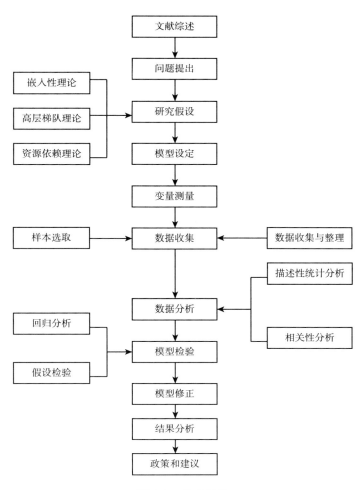

图 1.2　技术路线

1.7 研究的创新点

本书在研读了大量有关公司治理与企业战略等相关的文献基础上，基本沿承了以往对董事会与企业战略之间相互影响方面的研究方式，即借鉴产业组织学的"结构—行为—绩效"（SCP）分析框架，构建"认知—网络—战略—绩效"的模式。本书不仅基于已有的研究成果，而且充分融入了笔者对该研究主题的理解和认识，即本研究从嵌入性视角出发来研究董事会介入公司创新战略机制及效果，最终利用我国上市公司的相关样本数据进行假设检验和实证结果分析。因此，本研究也具有一定的创新之处，主要体现在以下几个方面。

①研究视角创新。将嵌入性作为研究视角，通过对嵌入性内涵进行深入分析，来理清各关键研究变量的相互关系，并基于此分析视角从董事会认识嵌入和连锁网络嵌入两个层面来研究董事会影响公司创新战略及效果，从而不仅合理解释了董事会如何介入公司战略以及董事会在创新战略发挥何种作用，而且拓展了目前从公司特征、治理结构等层面来分析董事会对公司战略、企业绩效的影响的研究视角。

②研究内容创新。充分结合公司治理与战略管理两大研究领域，重新审视了董事会的战略角色，重点考察董事会资源提供者和战略参与者角色的转变，深入探讨董事会介入战略决策过程的问题，并通过理论分析和逻辑推演，构建了董事会认知异质性及连锁董事网络、创新战略与企业绩效之间影响关系综合分析框架，系统地阐述了董事会介入企业战略创新这一重大决策作用机制，极大地丰富当前研究成果，并为后续的研究提供一些逻辑分析框架和理论基础。

③研究理论创新。创新之处也体现在多理论、多层次的交叉研究，丰富了现有的公司治理和战略管理理论研究成果。与以往的研究不同的是，本书整合高层梯队理论、资源依赖理论和社会网络理论等多种理论，理顺多理论之间的逻辑关系，从而在一定程度上能够弥合不同领域的研究，为交叉运用这些理论提供了一定的借鉴作用。

④研究方法创新。运用社会网络分析方法，从社会网络的角度来分析社会实体之间的相互关系，并基于这种有规律性的关系模式来反映不同的社会

结构，而社会网络分析方法就是来对这种社会结构关系进行量化分析。本书以社会网络分析方法来分析连锁董事网络这一重要的企业社会网络形式，并引入了社会网络分析中可量化的中心性、结构洞等关键指标，对连锁董事网络结构特征进行了衡量。在采用社会网络分析方法的同时，也综合采用了文献分析方法、理论演绎法和统计分析方法等多种方法。

第2章 研究回顾及文献综述

2.1 战略治理研究综述

2.1.1 战略治理的内涵

由于企业战略决策过程极其复杂，这就需要高管层与董事会一起发挥作用。随着董事会的战略作用日益受到理论界和实务界的高度重视，董事会在战略管理中承担的职能已不再仅仅是监督控制管理层，而更多地体现在为管理层的战略决策提供资源和能力；因而，董事会也成为了企业战略决策过程中的重要参与者，董事会通过主动地参与到企业战略的制定和实施过程，建立公司治理与战略管理联系的桥梁（尹翠芳等，2011；王鹏飞等，2011）。可见，董事会的战略角色和职能早已超出了公司治理的研究范畴，学者们开始关注董事会介入企业战略制定和实施过程的研究，由此形成了公司治理和战略管理的一个交叉领域，即公司战略治理（Kriger & Rich，1987）。

战略治理（strategic governance）这一概念最早是由克里格和瑞奇（Kriger & Rich，1987）指出海外子公司的董事会应该作为战略窗口（strategic windows），不仅可以监督当地子公司并增强母公司全球战略愿景，而且也为母公司提供当地环境的战略参考①。因此，子公司董事会为子公司提供治理建议的同时也影响到母公司和当地子公司的战略决策（尹翠芳等，2011）。早期战略治理的提出却并没有引起研究者们的重视，直到全球范围内技术和环境都发生剧烈变化的21世纪，董事会的战略作用愈来愈重要，学者们才重新开始关注战

---

① Kriger, M. P., Rich, P. J. J. Strategic governance: Why and how MNCs are using boards of directors in foreign subsidiaries [J]. Columbia Journal of World Business, 1987, 22 (4): 39－46.

略治理并对其内涵的研究进行了延伸。范德沃尔特和英格利（Van der Walt & Ingley，2001）指出董事会可以通过战略治理来获得竞争优势进而提高企业绩效。有学者强调战略治理是指通过协调公司股东、董事会和高管层这些相关利益者之间的关系来创造企业价值，并强调高管层是企业战略的驱动者和执行者（Carlsson，2002）。类似地，库马尔（Kumar，2008）认为战略治理指企业在解决公司治理中的相关问题需要从战略的角度来分析，以实现公司治理战略化并体现公司治理的战略意图。与这一观点不同的是，施密特和布劳尔（Schmidt & Brauer，2006）对战略治理进行重新定义，即董事会在履行他们的战略角色中的有效性，并强调战略治理主要关注董事会通过指导企业战略的实施来实现其战略角色和职能，随后拉纳通加和阿拉姆（Ratnatunga & Alam，2011）也认同上述观点，也强调战略治理实际上就是要求董事会将公司治理的职能向参与企业的战略决策和实施过程的战略职能延伸。近几年国内的研究学者开始对战略治理内涵进行了研究，如王鹏飞、张文隆和周建（2011）在研究董事会对企业战略的影响作用中指出，战略治理研究的重点就是董事会战略角色的有效性，因此，战略治理是董事会如何介入企业战略决策过程的一整套制度安排。不同的是，周建、尹翠芳和陈素蓉（2013）则在战略治理的研究中更为强调董事会的治理职能，并指出战略治理就是企业完善公司治理结构以实现企业内部各种权力的合理配置的过程。

纵观国内外对战略治理内涵的研究成果，虽然学者们对战略治理概念的理解和定义上有所差异，具体见表 2.1。但是总体来说，现有的研究普通强调战略治理是公司治理与企业战略管理实践相互结合和相互作用的一个结果，战略治理的主体是董事会和管理层，两者都会参与公司战略的制定和实施，最终影响企业可持续竞争优势。因此，本书认同施密特和布劳尔（Schmidt & Brauer，2006）和王鹏飞等（2011）的观点，并认为战略治理研究的重点是探讨董事会介入公司战略的方式，并对董事会在企业的战略管理过程中所承担战略职能进行评价。

表 2.1　　　　　　　　　　　　　学者对战略治理的不同观点

代表学者	关于战略治理的主要观点
Kriger & Rich（1987）	母公司通过子公司的董事会这一战略窗口来了解子公司的情况并增强母公司全球战略愿景
Van der Walt & Ingley（2001）	董事会作为公司最高决策机构，为公司确定愿景和战略方向，通过战略治理来获得竞争优势进而提高企业绩效

代表学者	关于战略治理的主要观点
Carlsson（2002）	战略治理是指通过协调公司股东、董事会和高管层这些相关利益者之间的关系来创造企业价值
Schmidt & Brauer（2006）	战略治理是指董事会在履行他们的战略角色中的有效性，并强调战略治理主要关注董事会通过指导企业战略的实施来实现其战略角色
Kumar（2008）	战略治理指企业在解决公司治理中的相关问题需要从战略的角度来分析，以实现公司治理战略化并体现公司治理的战略意图
Ratnatunga & Alam（2011）	战略治理强调董事会将公司治理的职能向参与企业的战略决策和实施的战略职能转变，并评价董事会战略职能有效性
王鹏飞、张文隆和周建（2011）	战略治理就是指董事会如何介入企业战略决策过程的一整套制度安排
周建、尹翠芳和陈素蓉（2013）	战略治理是指完善公司治理结构以实现企业内部各种权力的合理配置的过程

资料来源：根据相关资料整理而得。

2.1.2　董事会战略角色与职能的理论回顾

董事会在公司治理和战略管理中的关注度在不断提高，学术界开始聚焦于董事会在企业战略管理中承担的职能和角色的研究。因此，学者们从不同的理论视角对董事会在公司战略管理中所扮演的角色进行了探讨并提出了不同的观点。

（1）管理层霸权理论

从管理层霸权理论来看，由于所有权与经营权的分离导致了管理层对企业具体的运营情况更为了解，比公司的所有者拥有更多的关键信息，所以，实际上管理层获得了对企业有效的控制权，而董事会职能的发挥依赖于管理层提供的信息；CEO 有提名董事的权力而选择忠于自己的董事会成员，从而导致董事会对管理层提案监督和控制往往处于被动地位，董事在战略管理中担任消极的监督者角色（Shivdasani & Yermack，1998；Siciliano，2005），因此，董事会成为了一个法律虚拟体，仅仅具有"橡皮图章"的功能，其存在的目的就是维护管理层行为的合法性（Vance，1983），董事会在解决股东和管理层的代理问题方面难以发挥有效的作用。可见，管理层霸权理论强调了管理层拥有了企业的控制权，并承担着制定和实施企业战略的责任，董事会作为管理层的工具或"附属物"，仅仅担任批准战略决策的角色。

（2）代理理论

从代理理论看，由于现代公司制度中的两权分离造成了企业所有者与经理人双方为维护各自的利益或权利而产生了冲突，而管理层往往会为了实现自身利益而产生侵害股东利益的机会主义行为，而董事会作为公司治理的核心，承担着监督和控制管理层的行为的重要职能（Jensen & Meckling，1976；Williamson，1984）。由此，基于代理理论的研究学者更加关注董事会在高管团队的战略决策过程中所扮演的监督控制角色，而保持董事会的独立性是保证监督控制职能的有效性的重要前提，直接影响到董事会对战略决策的贡献（Kang et al.，2007）。如有学者对董事会独立性进行研究发现董事会中外部董事的数量越多越能增强董事会对管理者自利行为的监督和控制的有效性（Weisbach，1988；Fama & Jensen 1983）。董事会通过对高层管理人员行为的约束来确保企业的研发投资战略和国际化战略等决策满足股东的利益并有利于企业长远发展（Kor，2006；Chen，2011）。因此，根据代理理论，董事会为公司管理层提供有用的信息并对战略问题给出专业咨询意见，负责对管理层的战略行为进行审查和控制，而这种监督控制职能也是董事会参与公司战略的一种重要方式。

（3）管家理论

与代理理论不同的是，管家理论质疑了代理理论中的追求自身利益的经济理性人假设的合理性，并指出董事会与管理层间并不总是冲突对立的关系，董事会应该给予管理层一定的信任，建立合作互信的关系；管理层的行为会受到组织目标所驱动，从而自觉地承担相应的责任并做出有利于股东的战略决策。基于此理论，也有学者们认为管理层很可能通过对企业进行用心地经营管理来提高工作满意度，并实现自己的理想和追求，从而成为优秀的资产管理者和资源组织者（Donaldson，1990）；因此，董事会不再仅仅是监督和控制管理层，而是与管理层建立利益取向一致的合作关系，并给予管理层足以有效实施企业战略的权力（Davis & Schoorman，1997；Westphal，1999）。基于此，董事会的主要职能是向管理层提供咨询和建议。在战略制定和执行中，董事会从被动监督协助者的角色向积极主动参与者的角色转变。

（4）高层梯队理论

高层梯队理论主要关注企业的高层管理团队参与公司战略决策过程，但是随着董事会战略角色的重要性日益突出，这一理论也同样可以用于解释董事会参与公司战略的行为。因而，高层梯队理论是战略治理研究中重要的理论基础之一。"高层梯队理论"（upper echelons theory）是由美国学者汉布瑞克和梅森（Hambrick & Mason，1984）提出来的，并认为企业的高层战略决策者所面对的环境十分复杂，单个管理者往往不可能观察到组织内部和外部环境的每一个方面，从而导致所做出的个人决策存在着一定的缺陷，而通过高层管理团队共同制定了公司战略，能够有效地避免个体选择的局限性。高层梯队理论强调高层管理团队具有不同的洞察力、价值观和认知基础，并且这些特质的异质性会对管理行为和战略选择产生影响①，因此有必要从高层管理团队的人口统计特征和高层管理者的认知特征出发来研究高层管理团队的战略决策过程及其对企业绩效的影响。而人口统计学特征作为一个重要的代理变量可以反映个人认知基础，并对其他的中介变量和组织过程及结果产生影响（Pfeffer，1983）。根据高层梯队理论的观点，董事会与高层管理团队都是企业重要的战略决策主体，他们的认知异质性直接影响到企业的战略决策过程和企业绩效。因此，从高层梯队理论的角度来探讨董事会介入企业创新战略及效果已成为近年来研究的重点。

（5）资源依赖理论

资源依赖理论强调董事会通过与外部环境建立联系来获取外部资源，并提高这些重要的资源给企业的高层管理者，以协助他们来制定公司的战略并取得良好的实施效果（Daily，1995；Finkelstein & Hambrick，1996），可见，董事会在企业的战略制定和实施的过程中扮演者重要的资源提供者的角色（Hillman & Dalziel，2003）。而这一理论受到了公司战略治理领域广大学者的普遍认可。根据资源依赖理论的观点，企业将会受益于董事会的资源提供的战略职能，具体来看：其一，董事会可以维护企业的合法性；其二，董事会为管理层的战略决策提供咨询服务和重要的建议；其三，董事会通过与外部环境联系的方式来建立有效的沟通渠道；其四，企业通过这一渠道可以获得重要的外部信息和资源（Pfeffer & Salancik，1978）。然而，学者们提出不仅要关注董事会提供的外部社会资本，而且也需要重视董事会为企业提高的人力资本，两者通过影响董事会的资源提供能力（Hillman & Dalziel，2003），并通常认为：董事会成员的职业经验、行业背景、具有的知识技能和教育水平等代表着董事会的人力资本；而董事会成员可以通过个人关系或整个团队

① Hambrick D C, Mason P A. Upper echelons：Organizations as a reflection of its managers［J］. Academy of Management Review, 1984, 9（2）：193-206.

的网络关系来获取社会资本，例如董事会可以通过建立连锁董事网络来获取社会资本。总之，战略治理的研究中十分重视用资源依赖理论来解释董事会的战略职能，董事会在企业战略管理过程中扮演者资源提供的重要角色，董事会通过为管理层提供战略制定和实施所需的关键性资源来参与到企业的企业战略管理之中。

根据以上五种理论视角对董事会的战略角色和职能的讨论中，可以看出虽然各种理论观点存在分歧，但是随着不同理论的发展和时代经济背景变化，学者们对董事会战略角色的关注度不断提高，并开始重新审视董事会在企业战略管理中所扮演的角色，而董事会的战略角色也逐步从监督控制者、资源和服务提供者和战略参与者的角色演进（见表 2.2）。

表 2.2　　　　　　五种理论视角下董事会的战略角色和职能比较

理论视角	管理层霸权理论	代理理论	管家理论	高层梯队理论	资源依赖理论
理论来源	经济学、管理学	经济学、管理学	心理学、社会学、管理学	经济学、管理学	组织理论、社会学
董事会战略角色	附庸者	监督者	合作者	参与者	支持者
董事会职能	维护管理层行为的合法性	监督和控制管理层的自利行为	为管理层服务，向管理层提供咨询和建议	与管理层共同参与公司战略过程	建立企业与外部环境联系的渠道，为管理层战略决策提供资源支持
董事会结构	以内部董事为主，管理层通过提名影响董事人选	聘任大量外部董事，主张董事长与总经理两职分离	较多内部董事和关联董事，支持董事会兼任总经理	注重候选人年龄、职业经验、教育程度等特征，以此选聘董事	以候选人的资源作为选聘标准，多聘用外部董事或连锁董事
理论缺陷	难以解决股东和管理层的代理问题，基本上不具有董事会战略功能作用	过多地强调董事会的监督控制作用，对管理层约束较大，不利于发挥管理层的创造性	过于强调管理层行为受组织目标驱使，而忽视了管理层的个人行为动机	更多关注董事会人口统计特征等人力资本，而忽视董事会对外部资源的获取	董事会关注点更多集中在对外部环境资源的获取，较少履行内部治理职能
代表学者	Vance, 1983; Shivdasani & Yermac, 1998	Jensen & Meckling, 1976; Williamson, 1984	Donaldson, 1990; Davis & Schoorman, 1997	Hambrick & Mason, 1984	Daily, 1995; Hillman & Dalziel, 2003

资料来源：根据相关资料整理而得。

2.2 连锁董事研究综述

2.2.1 连锁董事现象产生原因

连锁董事是一个十分普遍的现象,西方学者们从社会学、经济学、企业组织学等多个角度,对促使连锁董事存在原因的问题上进行了广泛的理论探讨,最终形成了资源依赖理论、监督控制理论、共谋理论、互惠理论、事业推进理论和阶层凝聚理论六种经典解释。本书将其分为企业组织层面和个人行为层面两个来对连锁董事成因的理论解释进行梳理和阐述。

（1）企业组织层面

资源依赖理论（resource dependency theory）作为连锁董事理论研究中最为普遍且具有较高影响力的一个理论,从企业层面来解释连锁董事存在的原因以及对企业产生的重要作用。资源依赖理论是由菲佛和萨拉西卡（Pfeffer & Salancika）于 1978 年提出来的,并强调由于外部环境的不确定性程度越来越高,而且远远超过了企业自身把握和承受的范围和能力,因而企业需要与外界进行互动和交流,于是就形成了组织间的相互依赖。该理论认为企业要在竞争激励的市场环境中寻求生存和发展,主要取决于企业是否能够获取和控制外部资源,特别是要获取关键性的稀缺资源（Aldrich, 1979）。企业为了避免获取外部资源的不确定性和限制,会与其他企业形成连锁董事关系,并从因连锁董事形成的企业间网络中获取信息和资源并协调各种关系。因此,连锁董事不仅成为了减少外部环境不确定性的一种重要机制（Schoorman et al., 1981）,而且也是企业联系外界环境并获取外部资源的一个重要渠道（Burt, 1983）。基于此理论,研究学者发现连锁董事的产生主要是来自对资源的路径依赖（Mizruchi, 1996）。在连锁董事网络中,资源丰富的企业在企业间网络中占据重要的位置,通常拥有关键性资源并能够控制网络中其他企业;而对资源相对匮乏的企业的而言,通过连锁董事关系进入网络中,积极主动地与资源丰富的企业形成联结关系,以获得企业发展中所需稀缺资源（任兵等, 2001）。

监督控制理论（control theory）最常见的是用来解释银行在连锁董事网络中占有重要位置的社会经济现象。在国外,商业银行经常会派驻内部的董事或高层管理人员到与银行有业务往来的企业中，以便监督该企业经营状况和资金使用情况（Mizruchl，1996；Maman，1999）。当商业银行所派的董事在多家企业兼任董事职务，就会产生连锁董事的现象。根据监督控制理论，这种由于监督控制关系而出现的连锁董事的情况，不仅局限在金融机构间，而且也经常出现在非金融机构，例如在企业集团中，母公司通过连锁董事来加强与各子公司的联系，实现对各子公司的监督和控制的战略安排（Maman，1999）；同时企业间也会因为各种不同的监督和控制关系需要存在连锁董事，又如企业聘请独立董事来加强董事会的监督控制效能，而同一独立董事在多家不同企业兼任也出现了连锁董事现象。因此，许多理论研究和实践证明了监督控制是连锁董事形成的重要原因之一。

　　互惠理论（reciprocity theory）认同连锁董事的存在有助于企业对外部资源的获取，更强调企业间建立这种连锁董事关系，能够为具有连锁关系的双方或多方企业带来利益，而企业从连锁董事关系中获利多少取决于联结关系双方或多方理性决策的结果（Schoorman，Bazerman & Atkin，1981）。根据互惠理论的观点，建立连锁关系的企业可以从连锁董事网络获得诸多好处，主要体现在：拥有连锁董事的企业对竞争对手间的进行水平协调和对产业链中企业间进行垂直协调；企业可以从连锁董事网络中获取有效的信息和关键性资源；企业通过建立连锁董事关系来寻求某种产品特权或市场特权的优势。由此可见，互惠理论强调企业行为的完全理性，各企业通过与网络中其他企业形成联结关系，并从中协调各种关系，获取并传递不同的信息和知识，实现企业双方信息或资源共享，来使联结双方在建立合作关系中共同受益。因此，在互惠理论中连锁董事往往是企业间实现互惠交易和协调的一种重要的制度安排，连锁董事则成为了具有连锁关系的企业之间的交易协调人，企业通过委派董事的方式来增加交易的透明度，并建立彼此之间的信任机制，降低交易成本，实现企业双方互惠互利的交易目的（卢昌崇，1999）。

　　共谋理论（collusion theory）主要是指两个或多个竞争性企业通过建立联结关系来抑制同业竞争并实现对市场控制。处于市场竞争激烈的企业也可以通过连锁董事的方式来达到控制市场的目的。企业间的共谋行为有助于企业获得超额利润，但干扰了市场经济的正常运行。著名的克雷顿法案与 1914 年在美国颁布，宣布禁止在同一竞争行业内企业间建立连锁董事关系。在该法案颁布并实施后，学者贝克和福克（Baker & Faulker，1993）对价格操纵丑闻进行了研究，最终发现竞争行业内互派连锁董事现象大大减少了，但共谋行为并没有出现同幅度的下降趋势。可见，虽然同竞争领域的企业间连锁董事数量在缩减，但是可以看出现实的企业实践中共谋倾向也可能是连锁董事存在的原因。

（2）个人行为层面

事业推进理论（career advancement theory）是从个人行为层面来解释连锁董事现象的研究理论，它指出董事会成员在其他企业兼任董事职务的目的，是为了取得更好的个人收益，如提高薪酬水平、增加个人声誉、扩充人脉关系、积累职业经验等，从而有助于其未来的职业发展（Stokman et al.，1988；Mizruchi，1996）。该理论强调连锁董事的产生除了组织需求外，也往往是董事个人行为选择的结果。学者们对此理论也进行了验证性研究，研究发现兼任董事的任命是因为被聘用的董事拥有较高水平的专业知识和丰富的职业经验等个人属性，并非这些董事所在企业自身的特征（Stokman et al.，1988；Zajac，1988）。因此，社会精英阶层到其他企业担任董事促进了连锁董事的建立，并且在一定程度上是个人事业推进的结果。

阶层凝聚理论（class hegemony theory）指出连锁董事代表着社会各界精英成员之间的社会联结方式，是社会精英阶层凝聚的黏结剂（Mills，1956；Domhoff，1967；Zeitlin，1974；Useem，1984；Mizruehi，1996）。根据阶层凝聚理论的主要观点，社会各界精英成员往往由于具有类似的背景和共同追求，而形成了社会团队，这些社会精英团队可以是正式的，也可以是非正式的，并普遍存在于各个国家之中，因此，这些社会精英阶层通过连锁董事关系来建立社会关系网络，并且比其他网络更具凝聚力（Burt，1980）。各界精英成员通过所形成的社会网络来传递和共享彼此之间的价值观、认知和经验知识等，从而促使网络成员共同建立道德准则并形成相同的行为规范。而董事会成员也作为社会精英阶层，为了实现维护声誉、增强联系和得到交易机会等个人利益甚至阶层利益，主动寻求连锁董事职务并相互邀请阶层成员加入董事会，从而促进了连锁董事出现（Mace，1971；Stokman，Ziegler & Scott，1985）。因此，连锁董事存在可能是为了实现个人或整个阶层目的，因连锁董事关系而形成的企业间网络也代表着精英阶层人员之间的社会关联（Mizruehi，1996）。

（3）简要评述

上述六种理论分别从组织层面和个人层面分析了连锁董事的成因，多种视角的分析构成了一个较为完整的理论体系。从企业层面来看，资源依赖理论强调资源的获取，把连锁董事作为减低不确定性的一种战略机制。这一理论也得到了国内外学者广泛认可。而资源依赖理论与监督控制理论之间存在着某种关联，这是因为一方面监督控制理论中资金也可作为一种关键性资源；另一方面根据资源依赖理论，处于资源优势的一方拥有控制权利，而处于资源劣势的一方为了吸收资源而成为了被控方，而这一权利可以体现在企业间监督和控制理论中（Mizruchi，1996），可见基于资源依赖的连锁董事关系也同时发生在监督控制之中。与监督控制理论不同的是，互惠理论则突出强调连锁董事的产生是由于连锁双方互惠互利的需要。共谋理论主要是对同行业竞争性企业间的连锁董事现象进行解释，但不能够解释非竞争性企业之间由于连锁董事而形成的联结关系。自 20 世纪 90 年代美国克雷顿法案颁布后，国外学者对共谋理论的关注度不断下降，学者们开始用其他理论来解释连锁董事的成因。

从个人层面来看，事业推进理论是站在连锁董事个人角度，来分析对其职业生涯发展的影响；而阶层凝聚理论更多的是站在整个社会精英阶层把连锁董事作为个人或阶层的需求。两者的共同之处是连锁董事的存在只是为了满足个人或整个阶层的利益，并不给企业带来好处。通过以上讨论，我们可以看出西方理论界对连锁董事形成的原因进行十分广泛的探讨。资源依赖理论、监督控制理论和互惠理论一致强调董事会在企业中重要的战略作用，国内外学术界对这一作用的研究有待深入，讨论连锁董事对企业战略和绩效的影响是一个重要的研究方向。

2.2.2　连锁董事与企业战略或行为研究

连锁董事关系的建立有利于企业对整个商业环境和企业的实践活动进行了解，并从连锁网络中其他关联企业获得第一手信息资料，从而为企业决策提供重要参考。企业会根据连锁董事网络中关联企业经济行为采取相应的战略或企业行为（Haunschild，1993）。一直以来，连锁董事及其网络对企业行为影响是学术研究领域的热点问题。纵观国内外相关研究成果，主要集中在连锁董事对企业的模仿战略、并购战略、战略联盟、公司治理等几个方面。

（1）连锁董事与战略模仿

国外对连锁董事与企业经济行为关系研究中，明确指出企业之间相互模仿的现象十分普遍，尤其是具有连锁董事关系的企业间对企业的组织结构和行为的模仿（Haunschild，1993）。正如卡彭特和韦斯特法尔（Carpenter & Westphal，2001）在外部网络关系对董事会参与战略决策的研究中发现，由连锁董事建立的企业间网络关系同时促进了直接连锁和间接连锁企业之间的战略决策的模仿。而董事关联企业间的模仿行为较多体现在对企业成长的扩张战略（如收购与兼并）和企业战略执行（如组织结构形式）这两个方面。

①连锁董事对并购战略模仿。国内外较多学者对连锁董事网络中企业对关联企业的并购战略的模仿开展了广泛地研究。戴维斯（Davis，1991）通过对财富500强企业的研究发现，企业间连锁董事网络中某家企业采用反吞并的"毒丸子"（poison pill）政策①，会增加该企业所在连锁网络的其他企业采纳"毒丸子"计划的概率，可见连锁董事网络对"毒丸子"政策的传播会产生积极的影响。随后，有学者把企业的收购行为分为横向收购、纵向收购和全面收购三种类型，并指出通过连锁董事所建立的企业间关系会促进企业间对并购战略的模仿，通过实证研究对连锁董事网络中的企业收购行为进行了分析，发现处于连锁董事网络核心位置的企业越倾向于采取并购战略，而且其收购行为与连锁董事网络伙伴以前的并购行为有着密切的关系，这种战略模仿行为在连锁董事网络十分普遍（Haunschild，1993）。在此基础上，汉斯柴尔德和贝克曼（Haunschild & Beckman，1998）研究发现连锁董事网络中其他网络伙伴的信息会对企业的并购行为产生影响，当目标企业接收到越多网络伙伴与并购行为有关的信息，企业采取并购战略的可能性就更大，可见信息的来源及其多样性影响了网络中企业之间的并购战略模仿行为。其后，贝克曼和汉斯柴尔德（Beckman & Haunschild，2002）对组织网络中成员的异质性经验与企业收购进行了研究，发现网络伙伴的异质性越高，企业收购溢价越大，收购越成功。尚劳阿和辛格（Schonlaua & Singh，2009）研究发现处于网络中心位置的公司能够更好实施收购。也有学者研究发现当企业的连锁董事所兼任的其他企业以往采取并购战略，那么该企业会产生并购行为（Stuart & Yim，2010；Bouwman & Xuan，2010）。有学者对拥有连锁董事的企业的所完成并购交易的绩效进行了检验，研究发现收购方利用信息优势在连锁交易中显著获得更高的收益，即收购方支付较低的收购溢价和咨询费用等（Cai & Sevilir，2012）。国内学者仅有魏乐、张秋生和赵立彬（2013）结合社会网络

---

① "毒丸子"计划是由美国著名的收购与反收购事务专家马丁·利普顿（Martin Lipton）1982年发明的和采用的，它是指敌意收购的目标公司通过发行证券以降低公司在收购方眼中的价值的措施，是一种反兼并与反收购策略。

理论和资源依赖理论对连锁董事网络对企业并购行为及其绩效影响进行了实证研究，结果发现处于连锁董事网络中心位置的企业更易获得潜在的竞争优势，促进了并购行为发生的可能性，但其并购绩效较低，可见连锁董事关系的建立对企业并购决策会产生一定的影响。因此，以上研究分别从战略模仿、连锁董事并购经验和特定交易信息来源等多方面分析并验证了连锁董事对企业的并购会产生影响。

②连锁董事对企业间组织结构形式模仿。企业的组织结构形式作为企业中战略执行层面的决策也受到了连锁董事网络中企业间关系的影响。有学者对连锁董事与企业采取的事业部组织结构之间的关系进行了研究，结果发现两者具有正向影响作用，即当连锁董事网络中关联企业构建了事业部组织结构形式，则该企业也会采取事业部组织形式；若关联企业不采取事业部组织形式，那么该企业也倾向于不采取这种组织结构形式（Palmer，Jenning & Zhou，1993）。

（2）连锁董事与战略联盟

企业通过连锁董事关系建立了一种重要的组织间关系，势必对企业间行为和关系产生重要的影响。战略联盟作为企业间关系受到研究者的关注。古拉蒂和威斯特法尔（Gulati & Westphal，1999）对连锁董事与战略联盟之间的关系进行了研究，并认为连锁企业间形成战略联盟的可能性受到了董事会与管理层之间关系的影响，即董事会对管理层的控制不利于企业间战略联盟的形成，当连锁董事与管理层在战略决策上良好的合作关系会增强关联企业间形成战略联盟。

（3）连锁董事与公司治理

国内外学者也十分关注连锁董事网络与公司治理之间的关系并展开了深入的研究。早前国外学者就提出了连锁董事网络中蕴含着丰富的信息和大量的知识，这企业通过建立联结关系有助于获取这些信息和知识，同时企业在连锁董事网络中结构对公司治理结构和形态有着重要的影响作用（Davis，1991；Davis & Greve，1997）。国内学者任兵等（2001）最早强调了针对于我国企业的情况，还需进一步研究连锁董事及其网络会给我国的公司治理带来怎样的影响。其后，任兵（2005）基于阶层凝聚理论认为连锁董事很可能是管理层的阶层凝聚的结果，而所形成的连锁董事网络则为整个管理阶层提供了实现利益的平台，由此，就会产生公司治理问题，并认为公司治理结构可以划分为内部治理和外部治理两个方面，其中内部治理主要是指企业的治理结构，而外部治理则强调对企业的社会网络关系治理，随着连锁董事的产生，企业应该逐步向社会网络关系治理转变；其后在进一步研究中，指出连锁董事及其网络具有在社会监督、网络寻租和注重集体忽视个体三个方面影响公司治理与绩效（毛成林和任兵，2005）。此观点为广大学者对公司治理提供一定的研究方向，但是连锁董事及其网络对公司治理影响作用还需要进一步研究。为探讨此问题，彭正银和廖天野（2008）从连锁董事网络、董事会和连锁董事个人三个方面全面详细地分析了连锁董事对企业治理的影响，具体来看，连锁董事网络的建立有利于企业间进行信息、知识和资源的传递和共享，企业可以协调相关关系、获取重要资源并增强对外部环境变化的适应能力；而在董事会治理方面，连锁董事的存在有利于完善董事会的治理结构；而在个人行为方面，连锁董事个人行为和动机也影响着公司治理的效果。随后，国内学者陈仕华（2009）以上市公司为研究样本，对连锁董事网络与公司治理之间的关系进行了研究，并发现了公司治理具有社会嵌入性。在此研究成果的基础上，郑方（2011）认为企业通过连锁董事网络产生战略嵌入和治理嵌入两种嵌入性，对两者进行整合来探索连锁董事网络的嵌入效应。

（4）连锁董事与资源获取

在连锁董事的研究中，学者们普遍认为连锁董事的存在有利于企业获取资金、信息、知识与技能等多种外部资源。如斯蒂穆斯和米兹鲁奇（Steams & Mizruchi，1993）通过实证研究发现与金融企业建立连锁董事关系有利于获取外部资金。而汉斯柴尔德和贝克曼（Haunschild & Beckman，1998）对四大产业的企业进行研究发现，在连锁董事的企业间网络中来自相似领域的关联企业的信息对企业影响作用远大于来自比非相似领域的关联企业的信息。蔡和佩蒂（Chua & Petty，1999）从 ISO 质量认证体系来考察连锁董事关联企业间知识渗透情况，结果发现当企业与建立 ISO 质量认证体系的企业存在连锁董事关联关系有利于该企业对 ISO 质量认证体系的实施。同样地，哈根和格林（Hagan & Green，2004）也认同连锁董事促进企业间知识传递这一观点。还有学者在研究中强调了连锁董事网络对管理收益的累积和有价值信息的收集这两个主要功能，前者从个人角度指出企业高管通过连锁董事职位获得高额收益，后者从企业角度认为连锁董事网络能够给企业带来额外的信息和知识技能（Renneboog & Zhao，2011）。可见连锁董事关系成为了一种有效的信息和知识传导机制（见表 2.3）。

综上所述，从以上研究成果来看，学者们高度关注连锁董事对企业的战略与行为的影响作用，也通过理论分析和实证研究充分地证实了连锁董事的建立是企业在激烈的竞争环境中的一种重要的战略安排。然而，连锁董事及其网络对企业的创新战略的研究还有待丰富与拓展。

表 2.3　　　　　　连锁董事与企业战略行为相关研究分类

企业战略或行为	研究代表者	研究观点
战略模仿	Carpenter & Westphal（2001）	连锁董事网络中的企业倾向于对网络其他企业的战略决策的模仿
反吞并的"毒丸子"政策	Davis（1991）	连锁董事网络中处于中心位置的企业采用反吞并的"毒丸子"政策，会增加该企业所在连锁网络的其他企业采纳"毒丸子"计划的概率
并购战略	Haunschild（1993）；Haunschild & Beckman（1998）；Schonlaua & Singh（2009）；Stuart & Yim，2010；Bouwman & Xuan，2010	①企业现在的收购行为受到关联伙伴过去的收购行为的影响 ②处于网络中心位置的公司能够更好实施收购
组织结构形式	Palmer，Jenning & Zhou（1993）	若连锁董事网络中关联企业采取了事业部组织结构形式，那么企业也倾向于采取这种组织结构形式
战略联盟	Gulati & Westphal（1999）	连锁董事与管理层在战略决策上良好的合作关系会增强关联企业间形成战略联盟
公司治理	Davis（1991）；Davis & Greve（1997）；毛成林和任兵（2005）；彭正银和廖天野（2008）；郑方（2011）	①连锁企业网络结构决定了治理机制的普及速度与最终形态 ②连锁董事网络影响公司治理的具体机制，体现在社会监督、网络寻租和注重集体忽视个体三个方面 ③公司治理具有社会嵌入性，需要整合治理与战略双重嵌入作用
资源获取	Steams & Mizruchi（1993）；Hagan & Green（2004）；Renneboog & Zhao（2011）	连锁董事的存在有利于企业获取资金、信息、知识与技能等多种外部资源

资料来源：根据相关研究整理而得。

2.3　企业创新战略研究综述

2.3.1　企业创新战略的内涵

国内外学者对企业创新战略的研究十分丰富，尤其是对创新的内涵研究方面，各持有不同的观点，因此，本书根据学者们对企业创新含义的不同理解，对企业创新战略的内涵进行界定。

早期西方学者就创新的定义进行了广泛地研究，对创新的理解也持有不同的观点。较早的国外学者认为创新是指新的观念，并体现在企业运作和创意等方面（Zaltman，Duncan & Holbek，1973）。管理思想大师德鲁克（Drucke，1985）则认为"创新活动赋予资源一种新的能力，使它能创造财富"，并指出创新机遇有七个来源，即"意外事件、不协调的事件、程序需要、产业和市场结构改变、人口结构的变动、认知的变化、新知识"①。可见，创新是企业学习新知识，根据市场竞争情况和顾客潜在需求，改进生产流程，提高新的服务或产品，以增强企业的竞争优势，获取未来的生存和发展的一个过程。此后，也有很多学者对创新的内涵持有相似的观点，如图什曼和纳德勒（Tushman & Nadler，1986）指出新产品和服务的提供或新生产流程的采用都可称为创新；霍尔特（Holt，1988）则强调创新是对新知识的获取和运用并创造价值的过程。可见，早期的学者对创新内涵的理解比较一致。

经济学家熊彼特（Schumpeter）于1912指出创新就是对生产要素和生产条件进行重新组合并有效利用资源来实现创新并获得高额利润。概括来说，创新就是对生产要素进行重新组合，表现为对资源的有效利用，是推动经济发展的主要动力。根据熊彼特的创新理论，企业创新中的新组合的要素主要包括以下五个内容：①开发新产品；②引用新技术；③占领新的市场；④拓展原材料新的供应来源；⑤采用新的组织形式。从熊彼特对创新定义理解中可以看出，这里所提出的创新的内涵比较广泛，包括了技术创新、市场创新、资源创新和组织创新多个方面。同时，在熊彼特的"创新理论"中，也强调企业通过创新、模仿和适应的过程来实现创新并获得高额利润，从而促进经济发展。熊彼特对创新的观点为现代创新理论的发展奠定了最坚实的理论基础。在此基础上，许多学者对创新进一步地进行了深入研究，如波特强调创新主要是指新技术或新的工作方法（Porter，1990），也有学者认为创新的内涵应该更为广泛，包括新产出或服务、新技术、新的管理方法、新组织结构或新企业成员等（Damanpour，1991）。与之不同的是，多尔蒂和鲍曼（Dougherty & Bowman，1995）认为创新体现在解决复杂问题活动过程，涉及

---

① 德鲁克.创新与企业家精神 ［M］.蔡文燕，译.北京：机械工业出版社，2007.

到多个方面，如产品的创新、部门之间的协调、组织结构与企业战略的匹配、新资源获取和运用等等。还有学者认为创新是指新事物的发明，企业通过增强创新能力来提高自身的竞争力（Higgins，1995）。企业可以通过降低成本、完善产品性能或创造性产品的方式来提高创新能力（Afuan，1998）。同时，希尔和琼斯（Hill & Jones，1998）认为生产或制造新产品的所有新方法都可以称之为创新，例如产品属性的改变、生产过程优化，管理系统的改进、组织结构的调整和战略的变革等等。国内学者严潮斌（1999）把创新定义为产业创新，体现企业在特定产业中积极主动地与产业内其他企业建立合作关系，通过合作创新的方式来提升企业自身的创新能力，最终实现特定产业整体竞争力的提升。国内也有学者认为创新是对企业内部所有的生产要素进行重新组合①，以产生新的生产方式或新的产品和服务，实现新价值的创造过程②。不同的是，毛荐其（2006）将创新定义为改进企业的复杂技术和变更企业的组织系统的过程③。

总之，从以上研究成果来看，国内外研究者对创新的定义给出各自的定义，概括来说，主要形成了以产品、技术、生产流程等为主的技术创新（如Kamien & Schwartz，1975；Mansfield，1985；Christensen，1997；Luecke，2003；博家骥，1998；刘常勇，2004），以组织、战略和制度等为对象的管理创新（如 Higgins，1995；Davis & North，1998；张平华，2004；朱伟民，2007）。其中本研究主要关注以技术为主的创新战略，并认为：创新战略是指企业在外部竞争环境中通过充分整合内外部资源，使用新的知识或技术为顾客提供所需新产品或服务，以获取可持续竞争优势的一种竞争战略。

2.3.2 企业创新战略的类型

自创新这一概念的提出后，国内外研究学者根据不同分类标准对创新战略进行不同的分类，下面主要针对研究领域中普遍被认可的，有代表意义的创新战略的类型的研究成果进行了详细地介绍。

按照竞争地位的不同，根据安索夫（1967）的分类方法，可以将创新战

① 张纬良. 管理学［M］. 台湾：双叶书廊出版，2003.
② 刘常勇. 创业管理的十二堂课［M］. 台湾：天下文化出版社，2004.
③ 毛荐其. 技术创新一进化原理、过程与模型［M］. 北京：经济管理出版社，2006.

略分为领先型创新战略，跟随型创新战略和模仿型创新战略这三种不同的类型①。其中，领先型创新战略是指企业通过新的发明成果或者具有创新性的管理理念，在行业中占据领先地位，抢占大量的市场份额，获得超额利润。跟随型创新则是指企业通过紧跟行业中占有领先优势的企业步伐，在领先企业的创新基础上进行改进的创新活动。而模仿型创新战略则强调企业可能由于不具有独立创新的条件或能力，而倾向于从其他企业或机构购买新的技术，并通过对新技术的模仿来提高创新水平的战略选择。相对于领先型创新战略，跟随型创新战略更适用于高技术领域，风险较小的创新，其目的是提高市场占有率②。而模仿型创新战略则主要适用于研发能力有限、市场占有率较小份、规模不大的企业，但是采取这一战略的企业往往在生产或市场营销等其他方面占有一定的优势。在企业实践中，国内很多企业选择模仿创新战略，并在模仿领先企业的新技术的基础上提高自身的创新能力。

按照创新强度的不同，企业的创新战略可分为渐进性创新与突破性创新（Mansfied，1968；Freeman，1977）。有所不同的是，马施（Marquish，1982）借鉴以上的分类方法，认为企业创新可以分为渐进性的创新（incremental innovation）、系统的创新（system innovation）和突破性的创新（radical innovation）三种类型③。渐进性创新是指对企业所提供的产品性能或服务质量进行细微的改进的创新，系统创新是指对组成系统的诸要素、要素之间的关系、系统结构和流程等进行全面的优化的创新，突破性的创新则是对企业打破原有技术或管理方式，采取不同于企业自身已有甚至行业所存在的创新方式。由于企业所采取的突破性的创新的风险较大，所以更多企业采取的是渐进性创新，它所带来的创新风险较小，但是这种创新方式仅能维持企业现状，当外部市场中出现强大的竞争者时，企业会难以对抗新的竞争对手（Rebecca，Henderson & Clark，1990）。

按照创新的时机和程度的不同，根据英国学者弗里曼（Freeman，1982）将创新战略分为：进攻型战略、防御型战略、依赖型战略、模仿型战略、保守型战略和机会型战略六种类型④。其中，进攻型战略强调企业通过开发新

① Ansoff H I, Stewart J M. Strategies for a technology-based business ［J］. Harvard Business Review, 1967, 45（6）：71-83.

② 王翔编著. 企业战略管理：理论框架与实践技术［M］. 北京：清华大学出版社，2008.

③ Marquish D G. The anatomy of successful innovation ［M］. Cambridge：Winthrop Publishes, 1982.

④ Freeman C. The Eeonomies of Industrial Innovation ［M］. Cambridge：MIT, MA, 1982.

产品或推出新的生产流程等优先运用在行业中领先的技术或管理方式来激发顾客潜在需求并开发新市场。而防御型战略则意味着企业从技术领先的其他企业学习新技术而降低前期的研发风险，对市场中新技术和新产品进行研究，来增强自身的技术创新能力，并通过对已有的创新技术或产品的优化来提升产品性能，从而抢占市场份额。依赖型创新则是企业在所赖以生存的市场中占领某个较小生存位置的创新，只要所生存的系统不发生重大改变，企业依然能获得利润。保守型战略则是指企业更倾向于采取守成而稳健创新战略，以获得已有顾客对所熟悉的产品或服务的支持。

　　按照目标客户、产品性能、流程或成本结构三个方面将创新战略区分为三种：维持性创新战略、低阶市场的破坏性创新战略、新市场的破坏性创新战略。国外学者克里斯坦森（Christensen，1997）首次提出了维持性创新（sustaining innovation）和破坏性创新（ddisruptive innovation），其中，维持性创新是指为维护高端的消费者的需求而不断进行产品性能的优化与改进的创新行为；而破坏性创新则是对产品性能尚不太完善的产品或新开发的产品投放到低端市场，以打破原有市场的格局以低成本低收益先确立市场地位，其后再改善产品性能进行维持性创新①。基于上述的创新类型，克里斯腾森和雷诺（Christensen & Raynor，2004）从目标客户、产品性能、流程或成本结构三个方面将创新战略区分为三种：维持性创新战略、低阶市场的破坏性创新战略、新市场的破坏性创新战略。维持性创新战略主要是针对主流市场中高消费需求和支付能力的顾客群，企业利用现有的流程与成本结构改善高需求顾客最重视的产品性能；低阶市场的破坏性创新战略是对主流市场中被过度服务的顾客，用新的流程和成本结构以低价获得低价市场的利润；新市场的破坏性创新战略则是针对以前对某个产品有需求但没有购买力的顾客，企业通过对简单便利的产品进行改善或增加新功能，以较低价格销售，而所获得每单位产品的利润较低。

　　按照技术创新的主体的不同，创新战略可以划分为三种类型：自主创新战略、合作创新战略和技术引进创新战略。企业所采取的自主创新战略则是指通过拥有自主知识产权的独特的核心技术，来实现新产品的价值过程，以获得长期竞争优势的创新活动（郭昌欣，2005；宋河发等，2006）；合作创

---

　　① Christensen C M. The innovator's dilemma: When new technologies cause great firms to fail ［M］. Boston: Harvard Business School Press, 1997.

新战略是指企业由于缺乏技术创新所必需的条件和能力，采取与其他企业或科研机构进行合作的方式，来获取创新性技术或产品的一种战略；技术引进创新战略则是指企业并不进行技术的研发，而是直接从其他企业或机构引进先进的技术的创新活动。企业采取自主创新战略可以增强企业自身技术创新能力，通过建立较强的技术壁垒来获得更大的竞争优势，但是自主创新可能所花费的时间较长或成本及风险较大；而合作创新能够弥补企业在自主创新方面的不足之处，通过与其他机构的合作，来减低风险，并有利于缩短技术创新的时间，促进企业学习和技术积累；技术引进创新战略通过直接引进先进的技术，从而有效地减少了研发成本和降低了研发风险，企业可以根据自身不同的情况进行合理的选择。

还有其他的国内外学者们从多种角度对创新战略也进行了分类。例如莫顿（Morton，1989）依市场竞争情形，提出三种创新战略，即侵略型创新战略、防御型创新战略、反击型创新战略。帕森斯（Parsons，1992）以竞争力及创新机会发展出三种不同形式的创新战略，分别是全面领导者战略、追随者战略和赛跑者战略。科瑞和克莱顿（Curry & Clayton，1992）提出三种创新战略采用或适应型创新战略、渐进型创新战略和突破型创新战略。格蒙登和海德布雷克（Gemunden & Heydebreck，1992）将创新战略分为技术领先战略、成本领先战略、消费者焦点开发战略、专业化战略和放任战略。布兰森姆和柯达（Branseomb & Kodame，1993）两位学者，将创新战略区为分市场焦点型（market foeused）战略、技术焦点型（teehnology foeused）战略、产品焦点型（produet foeused）战略、系统焦点型（system foeused）战略和消费者观点焦点型（customer relation foeused）战略。吉尔伯特（Gilbert，1994）将创新战略分为前瞻型战略和反应型战略两种类型，其中前瞻型战略企业通过技术研发来创造新的市场，获得较好的绩效水平，甚至引领整个产业的未来发展方向；反应型战略是指企业对市场领先技术做出快速反应，通过跟随领先企业来学习具有创新性的技术。其中采取前瞻型创新战略的企业可以持续维持在市场上领导者的地位，而采用反应型创新战略的企业对创新活动更为谨慎和保守，同时需要时刻关注外部市场信息和其他企业的新情况，以便随时做出快速反应（Gilbert，1994）。国内学者高建（1997）根据创新时间先后、技术来源不同、对待技术引进的态度不同，提出了领先战略、引进再创新战略、追随战略、模仿战略和拿来主义战略。其后，赵修卫和黄本笑（2007）按创新能力和创新地位划分为四类，分别是模仿型创新战略、跟随型创新战略、集成型创新战略、领先型创新战略（见图 2.1）。其中，集成型创新战略主要是指企业通过对目前企业已有的技术或产品进行重新整合，发掘这些技术或产品潜在的新价值的一种战略选择。可见，集成型创新战略对企业的技术整合能力提出了很高的要求，这种创新战略有利于企业对内部各种创新要素进行重新的组合，以发挥出更大的经济效益。

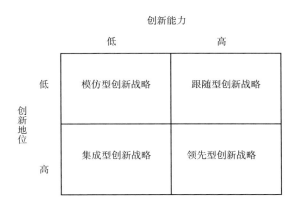

图 2.1　按创新能力和创新地位划分的创新战略分类

资料来源：赵修卫，黄本笑．技术创新管理［M］．武汉：武汉大学出版社，2007.

　　综上所述，国内外学者对创新战略的类型的研究成果十分丰富，而国内学者对创新战略的类型的研究尚未多见。早期的安索夫和弗里曼等的创新战略分类研究无疑为后续的研究提供了坚实的研究基础。在 20 世纪 90 年代以后，研究者们结合企业创新实践活动，从创新主体、竞争市场、目标客户、创新时点和技术创新能力等多种角度对企业创新战略进行了详细的分类，极大地丰富理论研究成果。同时，也不难发现尽管学者们根据不同的标准把企业创新战略划分为不同类型，但是总体来看，企业创新战略的分类一般与企业自身的技术创新能力和水平密切相关，由此可见，技术创新在企业创新战略中占据着重要的地位。值得一提的是，在理论方面，目前综合多种角度多创新战略类型的研究还有待加强；同时，在实践方面，企业创新战略的运用方式也是灵活多变的，企业在不同创新战略的选择方面需要根据外部行业环境的情况，对自身能力或资源进行评估，分析创新风险大小或成本的承受能力，采取适合企业自身情况的创新战略。

2.4 董事会与企业创新战略及绩效的研究综述

2.4.1 董事会与企业绩效的关系研究

国内外学者基于代理理论和资源依赖理论对董事会与企业绩效展开了广泛的研究，主要从董事会治理、董事会人口统计特征和董事会资本等方面进行了大量研究，也取得了丰富的成果。

（1）董事会治理与企业绩效的研究

在董事会治理与企业绩效的研究方面，早期国外学者立顿和洛施（Lipton & Lorsch，1992）对董事会的规模、董事会会议次数和公司绩效之间的关系进行研究后发现，当董事会规模过大将不利于绩效的提高；当增加董事会会议的次数能够使得董事们乐于履行与股东利益一致的职责，有利于公司绩效的提高。詹森（Jensen，1993）通过实证研究表明董事会规模与企业绩效负相关的关系，并建议公司采用二元的董事会领导结构。耶马克（Yermack，1996）董事会规模、董事会构成与绩效的研究表明，董事会规模与企业绩效负相关的关系，而外部董事在公司治理中并不比内部董事更有效，外部董事的比例与公司绩效之间并不存在联系。在考察外部董事会与绩效方面，对此持不同观点的学者认为，当公司业绩不好或者行将退出一个行业时，董事会倾向于吸收更多的外部董事来进行指导（Hermalin & Weisbach，1988）。有研究表明内部董事在董事会中所占的比例与公司经营业绩呈正比（Klein，1998）。道尔顿等（Dalton et al.，1998）通过元分析研究了董事会组成和董事会领导结构与公司绩效之间的关系，发现两者对绩效影响并不明显。

随后国内学者范建强（2001）等的研究表明独立董事比例与公司绩效正相关，同时宋增基、张宗益（2003）对公司董事会治理特征与公司绩效进行了实证研究，结果表明：董事会规模对企业绩效产生了显著负向作用，公司股权结构的改善有利于促进公司绩效的提高，而董事长与总经理是否二者合一并不影响公司绩效；也有学者对此持相反的观点，认为独立董事并没有显著改善当期的财务与经营绩效；两职分离有利于绩效提高（于东智，2003；胡铭，2002；谢志锋，2006；徐叶琴和宋增基，2008）。在此基础上，宋增基等（2009）进一步发分析了董事会治理、产品市场竞争与公司绩效之间的关系，研究发现董事会与产品市场竞争对企业绩效的影响具有显著的替代性，同时董事会政治关联显著提升了企业绩效。谭庆美等（2011）以中小型企业为研究样本对董事会结构、股权结构与企业绩效之间的关系进行了实证研究，结果发现董事会结构、股权结构与绩效之间的内生性特征不显著，董事会规模和董事会独立性对总资产收益率显著负相关，而股权集中程度与总资产收益率无显著相关关系。梁栋桢和金太军（2014）以我国上市公司为研究样本对不同企业产权制度下的董事会特征对企业绩效的影响进行了实证研究，研究发现在国有企业中董事会规模对公司绩效产生显著负面的影响，在非国有企业中独立董事比例和董事成员薪酬会对企业绩效产生显著积极影响，而两职合一却对企业绩效产生显著消极影响。杨威和吕星赢（2017）基于代理理论和资源依赖理论提出董事会规模和董事会独立性会合资企业的绩效产生正向的影响作用。综上所述，国内外很多学者在对董事会治理与企业绩效关系研究上存在着很大分歧，同时实证研究也未能得到一致结论。

（2）董事会人口特征及资本与企业绩效的研究

如果董事会能够有效地监督与控制管理层，保证管理层以股东价值最大化为经营目标，有利于提高公司绩效（Jensen & Meckling，1976；Fama，1980）。当董事的能力越强、威望越高，则其对管理层的监督有效性更好，董事会资本会使董事会的监督管理能力有所提高（Jermias & Johnny，2008）；而这些能力和威望取决于董事自身的经验、技能、知识和社会资源，这些都可以为企业提供更好的建议和资源，从而提升企业绩效（Lin & Wei，2006）。基于此资源依赖理论，学者对董事会人口统计特征及资本对企业绩效展开了丰富的研究。王明杰和朱如意（2010）对上市公司女性董事会对企业绩效的影响进行了研究，其后张琨和杨丹（2013）进一步的通过实证研究发现女性董事会成员对公司绩效增长有积极作用，同时公司所处市场竞争程度加剧会增强这种积极作用；同时国外学者也持类型的观点，认为性别多样性有利于提高团队绩效（Apesteguia et al.，2010；Hoogendoorn et al.，2013）。也有学者研究发现董事会中独立董事会先前的经验在相关行业的兼并经验与相关市场中企业的绩效呈正相关（McDonald，Westphal & Graebner，2008）。还有国内学者严子淳等（2016）通过实证研究结果表明董事会成员学历水平和职称水平均都会对企业绩效产生积极的影响作用，同时这一作用的效果在不同所有权性质以及盈利能力的企业而有所差异。而胡元木和纪端（2017）以我国上市公司为样本对董事技术专长对企业创新效率和企业绩效进行了实证研究，结果发现技术专家型董事对企业绩效产生了显著积极影响作用，其中创新效率在二者之间中起到部分中介作用。

与此同时，国内外学者们从董事会资本包括人力资本（教育、经验、专长和声誉等）和关系资本（与其他组织的关系网络）也开展了研究，他们称董事会资本促进资源供给而提升企业绩效（Hillman & Dalziel，2003）。在研究外部董事资本对公司成长性的影响时，有学者认为外部董事所拥有的不同知识基础、经验和社会关系能够决定他们如何有效地评价、质疑和影响高管行为，从而监督管理层，避免其行为损害企业绩效（Kor & Sundaramurthy，2009）。约翰尼（Johnny，2008）认为董事会资本会削弱 CEO 任期对公司绩效的负面影响。可见，董事会资本通过董事的监督管理能力来影响公司绩效。国内外学者对董事会对企业绩效的研究成果较为丰富。随后，国内学者方刚（2013）考察了制度距离、董事会能力与绩效关系之间的关系，研究发现管制距离、规范距离都对董事会资本产生正向影响作用，而认知距离只对董事会动力产生正向影响，同时董事会资本与董事会控制绩效和服务绩效有正相关关系；董事会动力与董事会控制绩效、战略绩效有着正相关关系。陈悦等（2015）基于资源依赖理论考察了董事会资本对企业绩效的影响，研究发现董事会社会资本与人力资本都会有助于企业绩效的提升，同时政治关联、连锁董事比例和女性董事比例等也对企业绩效产生促进作用。李东升和杨荣（2020）对董事会独立性与董事会资本对企业绩效的交互效应影响进行了实证研究，结果表明董事会资本可以提高企业经营效益和社会经济效益，董事会独立性与董事会资本两者交互效益会提升企业经营效率。由此可见，基于代理理论和资源理论的研究成果都强调董事会资本对企业绩效有着重要的影响。

2.4.2 董事会与企业创新战略的关系研究

在当今竞争日益激烈的环境中，企业需要通过研发活动或技术创新来持续提供创新的产品与服务，以保持可持续竞争优势。董事会作为推动公司创新的主要力量（周建、金媛媛和刘小元，2010），必然会对企业创新战略产生重要的影响。国外文献对董事会与企业创新的相关研究中，主要是从董事会治理、董事会异质性与董事会资本三个方面展开。

（1）董事会治理与企业创新的研究

国内外基于代理理论的研究范式来讨论董事会治理和企业创新的关系，主要从董事会的规模、董事会结构、董事会领导权结构等治理变量进行考察的。国外学者从董事治理结构与企业创新进行了大量的研究，也取得了十分丰富的研究成果。在董事会规模方面，有研究者指出扩大董事会规模，能够为组织提供更多的经验和资源（Pfeffer，1972；1973），可能会允许董事会成员从不同的角度对公司战略决策上给出参考性建议（Pearce & Zahra，1992）。在董事会规模上，有学者发现较大的董事会规模会抑制董事会参与企业战略决策的能力（Judge & Zeithaml，1992）。其后，扎赫拉等（Zahra et al.，2000）通过对美国中等规模的制造型企业样本进行研究，来探索董事会治理特征与企业创新活动之间的关系，并用产品创新、过程创新和组织创新三个维度对企业创新进行了衡量，实证结果表明董事会规模与企业创新之间呈现出显著的倒"U"形关系，同时外部董事比例显著负向影响企业创新投入，但鉴于所选取样本的特殊性，这些研究结论还有待验证。外部董事比例的研究方面，很多学者通过实证研究支持外部董事比例对企业创新投入的负向影响作用（Hill & Snell，1988；Basinger et al.，1991）。然而，与之不同的是，也有学者研究发现企业聘请更多的外部独立董事更能促进企业对研究支出的力度（Chung et al.，2003）。也有学者认为董事会中独立董事的数量多少与企业的研发支出力度之间的关系并不显著。在领导权结构与企业创新的研究方面，学者们通过实证研究发现两职分离显著正向影响企业创新水平，可以提高创新绩效（Zahra，1996；Dalton et al.，1998）。然而，持不同观点的学者认为董事会与 CEO 两职兼任可以促进企业产生更为灵活的创新决策方案（Haynes & Hillman，2010），此外更有学者通过实证研究发现领导权的设置情况对企业技术创新的影响并不显著。

早期较多国内学者也对董事会治理与企业创新进行了广泛的研究。国内学者张湄（2007）较早地以高新技术企业为研究样本，对公司治理与技术创新的关系进行了研究，结果表明，两职兼任与技术创新之间显著正相关，独立董事在董事会所占的比例越高越有利于企业技术创新，而股权集中度与技术创新之间具有显著的倒"U"形关系，同时，管理层激励对技术创新产生积极的影响。同样地，冯根福和温军（2008）也发现独立董事比例显著影响企业的技术创新水平。随后，刘星等（2010）以我国上市的银行为样本，讨论了董事会规模、独立董事比例和管理层激励对银行的创新能力的影响作用，实证结果表明三者都显著的增强银行的创新能力；也有学者以我国创新型企业为研究对象，来探讨董事会特征与企业创新投资之间相互关系，并指出董事会规模越大且董事会长所持有的股份越多，企业的创新投资力度越大；而董事会中执行董事越多，越不支持企业技术创新投资（徐伟和尹元甲，2011）。与此同时，赵旭峰、温军（2011）根据代理理论，通过对上市公司的研究发现，董事会规模对技术创新投入有着负向的影响作用，但并不显著；董事会中独立董事比例越高，越有利于企业增加技术创新投入力度，两职分离的领导结构也促进了技术创新投入水平，董事会股权激励程度越大，就越倾向于增加技术创新的投入。此外，也有学者通过研究发现，独立董事比例与企业的研究投入之间不存在显著关系（周杰和薛有志，2008），董事会规模对企业研发投入也没有显著的影响（周杰和薛有志，2008；张洪辉等，2010）。

近年来，国内学者们依然在关注董事会治理与企业创新的研究。如学者刘小元和李永壮（2012）在研究中指出董事会规模和董事会股权激励会增强企业的研发强度，同时外部环境对企业的研发投入也有着重要的作用，当企业处于创新环境之中时，企业更倾向于提高研发强度。同样地，也有学者对上市银行董事会治理对创新能力的影响进行了研究，并认为上市银行可以通过控制董事会规模，对董事会或管理层进行有效的激励方式来促进银行的创新能力的提高（周建等，2012）。徐向艺和汤业国（2013）分析了董事会结构与技术创新绩效的关系，并发现董事会规模与技术创新呈现显著的倒"U"形关系，两职兼任与董事会独立性对技术创新绩效有显著的正向作用。其后秦兴俊和王柏杰（2018）也对公司治理对技术创新能力的影响进行了实证研究，结果表明两职兼任、独立董事比例与股权集中度都能显著提高技术创新能力。而刘建华等（2019）考察了董事会特征对创新投入和品牌价值间的调节作用，研究发现董事会规模显著增强了创新投入和品牌价值的关系，相反两职兼任显著削弱了两者的关系，而独立董事比例和董事会持股比例对两者的关系没有显著影响。由此可见，国内外学者对董事会治理对创新战略的影响展开了广泛的研究，但是从实证结果来看，存在着较大的争议，还未得到一致的结论。

（2）董事会异质性与企业创新的研究

近年来，国内外学者对开始关注董事会特征及其异质性对企业创新战略的影响研究。借鉴高层梯队理论，董事会特征包括了种族、性别、年龄、任期期限、职业背景和教育程度等人口统计特征，而这些特征的异质性反映了董事会的认知基础、价值观和对风险的态度偏好等心理层面的因素对企业创新战略产生的作用（Hambrick & Mason，1984）。国外学者米勒和特里亚纳（Miller & Triana，2009）以 500 家美国财富企业为研究样本，对董事会异质性与企业创新进行了研究，研究发现董事会的性别异质性和种族异质性越高，越会促进企业创新，并提高企业声誉。其后有学者从高层梯队理论出发，通过实证研究发现，董事会任期异质性越高，董事会越会重视对企业创新的相关问题进行讨论，同时董事会职业背景异质性越高，董事会越会增加对创新问题讨论上的投入时间（Tuggle et al.，2010）。更有学者明确指出，相对于种族、性别和年龄等易于观测的人口统计特征而言，董事会的职业背景异质性、教育程度高低、行业背景的异质性等对企业的创新战略影响更大，能够促进董事会成员对复杂问题进行建设性讨论，从而产生具有创新性的决策方案（Anderson et al.，2011）。也有持不同观点的学者，他们认为董事会年龄异质性、性别差异、种族异质性和职能背景的异质性有利于提高企业声誉，但是都对企业价值创造不存在显著的影响作用（Van der Walt & Ingley，2003）。

　　国内近年来才开始关注董事会异质性对企业创新战略或 R&D 投入的影响研究，但目前研究成果不是特别丰富。学者何强和陈松（2011）以制造业上市公司为研究样本，考察了董事会的学历分布对企业研发投入产生的影响作用，结果发现董事会成员的学历水平越高，企业对研发投入的强度也越大，但同时又指出董事会学历情况虽然影响企业研发投入，但并不起主要决定性作用。然而，杨斌与魏亚欣（2011）却认为董事会教育水平与企业的创新能力之间并不存在显著关系。随后，周建和李小青（2012）对 2007～2009 年高新技术企业为研究样本，对董事会认知异质性对企业创新战略的影响进行了实证研究，实证结果表明，董事会职能背景异质性对创新战略的选择产生显著的正向影响，同时董事会教育程度越高越有利于企业进行创新决策，而董事会在行业背景上的异质性并不显著影响企业创新战略。进一步地，李小青（2012）也对董事会异质性与企业创新战略之间的关系进行了研究，研究结果表明，董事会的职能背景异质性会对创新战略产生显著积极的影响作用，而董事会成员的任期异质性对创新战略具有显著的负向影响。其后李长娥和谢永珍（2016）也考察了董事会异质性对技术创新的影响，研究发现董事会教育水平显著提升企业的技术创新，而教育水平及其专业知识的异质性对技术创新影响不显著，职能背景异质性对技术创新的作用会受到行业竞争程度的影响。李玲等（2018）年对董事会异质性对创新战略的影响进行了实证研究，并考虑了组织冗余的调节效应，研究结果表明教育水平异质性对创新战略产生了消极的影响作用，而学术背景异质性对创新战略产生了积极的影响作用，而职业背景异质性对创新战略的影响作用并不明显；同时组织冗余在董事会异质性和企业战略之间起到了正向调节作用。

可见，国内外学者越来越重视从董事会治理结构对企业创新战略的影响转向对董事会特征及其异质性如何影响企业创新战略的问题上，也取得了一定的研究成果，但是在这方面的研究还是有待丰富。

（3）董事会资本与企业创新的研究

企业在进行创新活动中，需要对企业内外部的各种资源或生产要素进行重新的组合，在这个过程中不仅需要大量具有较高知识和技术水平的人力资本的投入，也需要从获取外部资源（Fischer，2001）。而董事会所拥有的人力资本和社会资本可以企业创新活动提供丰富的资源。因此，国外学者希尔曼和达尔齐尔（Hillman & Dalziel，2003）把董事会的人力资本和社会资本综合概括为董事会资本，并将其运用到对战略管理的研究中来，其中董事会人力资本主要包括了董事成员的个人专业知识和技能、职业经验、教育水平和个人声望等等，董事会社会资本则是包括董事会成员个人或整个董事会团队所拥有的社会关系总和，董事会可以从这些社会关系网络中获取资源。可见，董事会人力和社会资本共同反映了董事会企业战略过程提供资源的能力。学者们就董事会人力资本和社会资本对公司创新影响的研究也十分有限。国外学者对 53 个企业所形成的战略性网络中董事会的人力资本和关系资本对企业的渐进式创新和突破式创新的绩效进行了研究，指出董事会多样性、教育水平和连锁董事影响网络创新绩效（Wincent，Anokhin & Örtqvist，2010）；具体来看，董事会多样性程度和连锁董事数量主要影响企业的渐进式创新，而教育水平影响突破式创新。此外他们发现中小企业对董事会人力资本的依赖性更强，董事会的知识技能的多样性和教育水平对中小企业创新绩效的影响明显大于大型企业。达尔齐尔、绅士和鲍尔曼（Dalziel，Gentry & Bowerman，2011）基于资源依赖理论来考察董事的人力资本和关系资本对企业的 R&D 的投入的关系，实证结果表明董事的人力资本（如教育水平、职业背景经验）和关系资本（如连锁董事关系）显著地影响企业的 R&D 投入，但其影响作用受到内外部董事和企业类型的影响，即外部董事的金融背景经验和高等教育水平对企业 R&D 投入产生负向影响，仅有外部董事的技术经验背景会影响

R&D 投入，而内部董事的金融背景经验、技术经验背景和教育水平对 R&D 投入的影响都不显著；所有董事（包括外部和内部）的常春藤联盟的教育经验与研发支出呈正相关关系；外部董事的连锁关系与 R&D 投入正相关，并且在较低技术水平公司外部董事的连锁关系对 R&D 投入正向影响作用明显强于比在高新技术公司中的影响，而内部董事的连锁董事关系对 R&D 投入不产生影响作用。

随后，海恩斯和希尔曼（Haynes & Hillman，2010）对董事会人力资本和社会资本为企业提供的资源的差异性进行分类，概括出了董事会资本的两个维度，即广度和深度，从而构建了董事会资本模型，其中，董事会资本广度（board capital breadth）主要包括董事年龄、任期、受教育程度和职业背景等异质性，以及在其他企业或行业任职（如连锁董事）所带来的行业关系的异质性这两个方面；董事会资本深度（board capital depth）则是指董事成员的通过其职业背景和在其他企业兼任董事所带来的该企业在行业内的嵌入程度。基于此董事会资本内涵可操作性定义，国内学者周建等（2012）以我国高新技术企业为研究样本，对董事会资本与企业研发投入之间的关系进行了研究，结果发现，董事会人力资本（包括受教育程度、职业背景、团队异质性）和董事会社会资本（包括董事会间关系和政治资源）都显著正向影响企业的研发投入水平。随后周建等（2013）根据资源依赖理论和代理理论，对董事会人力资本和 CEO 权力与研发投资之间的关系进行了研究，发现董事会人力资本深度对企业研发投入水平产生显著的积极影响，同时 CEO 权力会削弱两者之间的积极作用；然而董事会人力资本广度与企业研发投入之间不存在相关关系。而范建红与陈怀超（2015）则考察了董事会社会资本与企业研发投入的关系，研究发现董事会网络嵌入与企业研发投入间呈显著负相关关系，而董事会政治关联与企业研发投入间呈显著正相关关系。李小青等（2018）也对董事会资本与研发投入进行了实证研究并发现董事会资本宽度和深度都对研发投入起着积极影响作用，同时高管薪酬激励正向调节者两者之间的关系。其后朱健等（2019）从董事会内部人力资本和外部社会资本两个角度对创新投入进行分析并发现董事会人力资本和社会资本均可促进企业创新投入。

（4）简要评述

从以上对董事会与企业创新关系的研究文献综述中可以看出，早期较少多的国内外学者基于代理理论对董事会与企业创新的影响进行十分广泛地研究，但实证研究结果并不一致，这可能由于研究样本选取和变量测量等方面的原因所造成的。而近几年来，学者们对董事会与企业创新的研究，逐步从董事会治理结构方面向董事会人口统计特征及其异质性的转变，具体来说，主要考查年龄、任期、教育水平、职业经验和行业背景等人口统计及其异质性如何影响企业创新能力和创新水平，但是国内外对董事会的异质性研究还是十分缺乏的；同时结合已有的研究成果不难发现，目前对其进行的研究中还存在着一定的局限性，主要体现在：一是仅有的研究中大多从单一的人口统计特征或异质性对创新进行了研究，而缺乏对董事会成员的多个异质性的综合考察；二是忽视董事会整体的认知水平的异质性对企业创新战略决策的影响作用；三是该研究领域的主要研究背景是欧美等发达国家，在新兴经济国家的研究背景下进行研究较少。因此鉴于这种研究现状，我们有必要深入地研究董事会认知异质性与企业创新战略之间相互作用关系。

此外，自近年来董事会资本的概念的提出，国内外研究者开始对董事会资本与企业创新的关系进行了研究，但国内外研究成果并不多见。值得一提的是，根据资源依赖理论，董事会资本中的人力资本在一定程度上是对董事会异质性的反映，即同样是对受教育程度、任职背景、职业背景、年龄和任期等特征或其异质性进行衡量，因而，两者研究呈交叉状态，密不可分；同时，根据当前研究成果，董事会社会资本通常是对连锁董事关系等社会网络资源的衡量，这是当前的研究关注的焦点。因此，连锁董事网络作为企业重要的组织网络形式，也是影响董事会介入企业创新战略的重要前因而备受关注。总之，在考察董事会异质性和连锁董事网络对企业创新战略的影响是当今学术界的一个重要议题。

2.5 连锁董事与创新战略及绩效的研究综述

2.5.1 连锁董事与企业绩效研究

国内外学者对连锁董事与企业绩效之间的关系展开了广泛地研究。由于连锁董事的存在可能是出于企业或个人目的，因此连锁董事对企业绩效影响作用在学术研究成果存在着较大的分歧。

（1）连锁董事特征与企业绩效的研究

很多国内学者们研究发现连锁董事对企业绩效的产生这正向影响。早期的国外学者根据资源依赖理论对连锁董事与企业绩效的关系进行了实证研究，发现连锁董事的建立对企业绩效有着积极影响作用（Pennings，1980；Carrington，1981；Burt，1983）。同样，理查森（Richardson，1987）通过研究发现如果在相同性质和类型的企业间形成连锁董事联结关系会更好地提高企业绩效。博伊德（Boyd，1990）考虑了企业所处的外部环境的不确定性对连锁董事与企业绩效关系影响，研究表明较高的外部环境的不确定性加强了连锁董事企业绩效之间的正向影响。罗森斯坦和怀亚特（Rosenstein & Wyatt，1994）基于监督控制理论对连锁董事关系对企业价值的影响进行了研究，研究表明如果非金融机构指派董事到其他企业，会导致其企业价值的显著降低，但若金融机构派送连锁董事到其他业务往来的企业，会带来该金融机构企业价值的显著提高；同时无论连锁董事的接受方是否为金融机构，都不会对接受方企业价值的产生显著影响。凯斯特（Keister，1998）以中国企业作为研究样本，发现拥有连锁董事的集团成员企业会产生更好的企业绩效。乌兹等（Uzzi et al.，2002）从中小企业财务战略的网络传递性质出发，认为企业和金融机构之间建立连锁董事关系有助于改善企业绩效。同时学者们都在实证研究中发现连锁董事存在的原因在于可优化企业内部的董事会结构和减少环境的不确定性，而且连锁董事关系对企业绩效产生积极影响（Lee，2003，Chin-Huat et al.，2003；Yeo et al.，2003）。也有学者认为连锁董事可以填补新兴经济体制中的缺失部分，从而为企业带企业绩效的提升和风险的减低（Sarkar et al.，2009）。田高良、李留闯和齐保垒（2011）以中国上市公司为样本对连锁董事对财务绩效和公司价值的影响进行了实证研究，结果表明连锁关系数量越多，公司的财务绩效越高，同时连锁关系对公司价值也产生正向影响。随后王建秀（2015）以上市公司为样本对连锁董事与公司绩效的关系进行研究发现，国有股权所占比例与连锁董事比例呈正相关关系；连锁董事比例越高企业绩效越好，在国有股权比例高的企业中具有丰富社会资源与经验的连锁董事可带来较高的边际效应。

相反地，也有很多学者基于不同的理论视角对连锁董事对企业绩效产生负面影响进行分析。有学者认为连锁董事会降低企业绩效，而只有重构的连锁关系才会提高企业绩效（Fligstein & Brantley，1992；Richardson，1987）。也有学者认为对连锁董事对企业绩效产生的不利影响可以从公司治理恶化进行解释（Fich & Shivdasani，2006）。国内外更多的学者根据董事忙碌假说，对连锁董事与企业绩效之间的负向关系进行解释。有学者认为由于连锁董事会在多个企业中任职而导致连锁董事太过于忙碌，而难以履行监督控制的职能，不能对管理层进行有效的监管，从而降低了董事会效能，不利于企业绩效的提高（Non et al.，2007）。还有较多持同样观点的学者，他们认为随着企业董事会中连锁董事数量的增加，董事会将会过于忙碌而无暇监督和控制管理层，导致了代理冲突的加剧，而且还降低了董事会的决策效率，从而对公司价值产生负面的影响（Hsu & Li，2009；Ahn，Jiraporn & Kim，2010）。在对中国企业的研究中，任兵（2005）则从阶层凝聚理论的角度对连锁董事与企业绩效的关系进行了研究，并指出由于连锁董事很可能出于维护个人或整个阶层的利益的目的，做出不利于企业绩效提高的行为。随后，国内学者卢昌崇和陈仕华（2006）在研究中指出董事会中拥有连锁董事的数量对绩效产生的影响关系难以确定，可能对绩效产生微弱的正向影响，也可能对绩效产生负向影响。

此外，还有学者通过研究发现连锁董事对企业绩效并不存在显著影响作用。早期的学者罗森斯坦和怀亚特（Rosenstein & Wyatt，1990）对金融和非金融类型的企业的连锁董事进行了研究，结果发现无论何种类型的企业的连锁董事都与企业价值之间的关系不显著。同样地，温格和卡塞尔（Wenger & Kaserer，1998）也对金融银行通过委派银行董事到其他企业之中所形成的连锁董事进行了研究，发现连锁董事并不能影响企业绩效；类似地，有学者研究发现企业拥有连锁董事，可能会增加管理层的任期期限，但是连锁董事与企业绩效之间并不存在任何关系。同样地，国内学者段海艳和仲伟周（2007）对我国上市公司进行了研究，结果表明连锁董事与企业绩效并不存在显著关系。

（2）连锁董事网络与企业绩效的研究

在连锁董事与企业绩效的关系研究中，更多的是从连锁董事数量来进行分析，但随着连锁董事网络对企业绩效产生越来越重要的影响，学者们开始对网络结构特征维度来探讨对企业绩效的影响。有学者认为企业可以通过由连锁董事所形成的企业间网络中获得资源，充分发挥董事会为企业战略过程提供资源的职能，从而促进企业绩效的提升（Hillmann & Dalzie，2003），其他学者也支持这一观点，并强调企业中连锁董事可以增加企业的社会关系，可以带来企业未来绩效的提高（Horton et al.，2011）。同时，在网络密度方面，有学者指出较大的网络密度反而不利于企业价值的提高，因此企业在建立董事网络时应该寻求适中的网络密度（Kim，2005）。不同的是，在网络强度方面，有学者发现连锁董事网络强度对企业绩效没有显著影响（Pfannschmidi，1995）。在网络中心性方面的研究中，有学者对连锁董事网络对公司治理绩效进行了研究，结果发现网络规模越大，企业在网络中越处于中心位置，公司的治理绩效越好（彭正银和廖天野，2008）。国外学者马丁等（Martin et al.，2013）基于资源依赖理论对连锁董事网络与企业绩效进行了研究，研究结果表明网络中心性能够提高企业能力并促进企业绩效的提高。但是，国内学者任兵等（2007）基于中国 284 家上市公司连续八年的面板数据进行实证研究发现，连锁董事网络的核心度对企业绩效呈显著负向影响，这表明当企业处于连锁董事网络中的核心位置不利于绩效的提高，从而验证了连锁董事只被当作社会凝聚的工具而导致了治理失灵的假设。随后，段海艳（2009）基于资源依赖理论和阶层领导理论对连锁董事关系网络与企业绩效进行了研究，结果表明连锁董事网络的中心性对企业绩效影响效果不显著，连锁董事对企业绩效有着负面的影响作用。此外，徐勇和邱兵（2011）对连锁董事网络位置与吸收能力对企业绩效进行了实证研究，结果发现网络中心度、结构洞和弱联系都会促进企业绩效提高，同时吸收能力显著调节了网络中心度和结构洞对企业绩效影响作用。

综上所述，连锁董事对企业绩效的影响作用在学术界尚未有定论，学者们可以基于不同的理论推导出不同的研究假设。同时，上述之所以会出现结论不一致的实证结果，可能是一方面是由于学者们对解释变量和被解释变量的测量方法和指标的选取不同造成的；另一方面是因为研究中选取的样本的国家、时点、地区、行业、样本量不同导致了实证研究的结果存在差异。因此，在我国转型经济背景下，连锁董事及其网络对企业绩效的影响效果还需进一步地验证。

2.5.2　连锁董事与企业创新战略的关系研究

随着企业所面临环境日益复杂多变以及企业间网络的快速发展，连锁董事成为与其他的企业建立重要的联系的一种制度安排（Schoorman，1981）。随后国内学者任兵等（2001）将连锁董事的概念引入国内学术研究领域后并受到企业学者的关注。

由于连锁董事的存在使得不同企业间形成了一种网络的形态。国内外学者开始研究连锁董事网络的规模（彭正银、廖天野，2008）、中心性（任兵等，2007；段海艳，2009）、网络密度（Kim，2005）、网络强度（Pfannschmidi，1995）和结构洞（Martin et al.，2013）的网络特征，在此基础上有学者开始对连锁董事网络与企业创新战略的关系进行研究。如雷辉与马伟（2016）对连锁董事网络的位置与企业创新战略程度之间的关系进行了研究，结果发现中间中心度和接近中心度能够提高企业创新战略程度，但是网络中心度则减低了企业创新战略程度。持类似观点学者还通过实证研究发现董事会网络位置可以显著促进企业技术创新投入，这一现象在市场化程度较高的地区和民营企业中表现更为明显（马连福，2016）。其后朱丽等（2017）对董事会网络进行研究并发现，异质性行业连接对企业创新绩效以及网络权力都有着积极影响，同时网络权力对异质性行业连接与创新绩效之间还有着中介效益，其中介效益强弱取决于企业吸收能力，即企业吸收能力越强则中介效益越明显。而严若森和华小丽（2017）则考察了环境不确定性对连锁董事网络位置与企业创新投入的调节作用，结果表明董事网络中心度和结构洞都显著促进了企业创新投入，而环境不确定性则削弱了两者之间的关系。更进一步地，学者张丹与郝蕊（2018）在连锁董事网络对企业技术创新绩效的研究中发现，网络中心度、弱连锁程度和网络专业性都可通过研发投入来显著提高企业技术创新绩效。同时，严若森等（2018）通过实证研究发现连锁董事网络中心度会对企业创新投入产生消极影响并且组织冗余削弱了这种影响，而网络中的结构洞会对企业创新投入产生积极影响并且组织冗余增强了这种影响。随后，吴伊和蔺董斌（2020）以上市公司为样本对董事网络中的独立董事所在位置对企业技术创新行为的影响进行了实证研究，研究发现处于网络核心位置的独立董事可以帮助企业获取技术信息、争取政府支持以及缓解融资约束，从而积极推动企业技术创新。

此外，也有少数学者探讨了连锁董事特征与企业创新的关系，如学者朱金菊和段海艳（2013）对中小型企业中连锁董事对企业技术创新影响进行了实证研究，研究结果表明连锁董事规模、连锁董事占董事会比例、连锁董事学历以及薪酬都能够显著促进企业技术创新投入。还有学者王光荣和李建标（2015）以制造业上市公司为样本对技术连锁董对技术创新的影响进行了研究，结果表明技术连锁董事对企业技术创新会产生积极的影响作用，并且在国有控股公司中技术连锁董事对企业技术创新促进作用更为明显。综上所述，目前绝大多数学者是从连锁董事网络的角度对企业创新进行了研究，而在连锁董事特征方面对企业创新的研究成果较少，由此可见连锁董事网络对企业创新战略的影响是当前研究关注的热点问题。

2.6　本章小结

　　董事会战略功能越来越受到战略管理和公司治理研究领域学者们的共同关注，将董事会与战略结合起来研究，已成为当今研究的热点议题。根据不同理论视角对董事会的战略角色和职能的讨论中，可以看出虽然各种理论观点存在分歧，但是随着不同理论的发展和时代经济背景变化，学者们对董事会战略角色的关注度不断提高，并开始重新审视董事会在企业战略管理中所扮演的角色，管理层霸权理论难以解决股东和管理层的代理问题，基本上不具有董事会战略功能作用，而管家理论过于强调管理层行为受组织目标驱使，而忽视了管理层的个人行为动机，代理理论过多地强调董事会的监督控制作用，不利于发挥管理层的创造性，高层梯队理论更多关注董事会人口统计特征等人力资本，因此，资源依赖理论在当今知识经济和信息时代背景下受到了广大学者的普遍认可。未来研究发展趋势是更多关注董事会的角色从监督控制者向资源与服务提供者和战略参与者的角色演进，并且多种理论相互融合的基础上多个视角相结合提出综合研究框架。纵观现有的研究文献，在董事会、连锁董事网络、企业创新与企业绩效等方面虽有了一定的研究成果，也为后续的研究提供了较为丰富的文献基础，但有待进一步的拓展和深化，主要表现在以下几个方面。

　　第一，从现有的董事会与企业战略和绩效的研究成果中不难发现，早期较多的国内外学者基于代理理论和资源依赖理论对董事会对企业绩效的影响进行十分广泛的研究，但未取得一致的实证研究结果。纵观董事会参与企业创新战略的研究成果来看，其后学者们开始从董事会治理特征往董事会人口统计特征及其异质性的转变，并考察董事会人力资本如何影响企业创新能力和创新水平，也取得了丰富的研究成果。虽然近年来，有学者开始结合高管梯队理论关注董事会特征或异质性对企业战略的影响，但是对董事会异质性与企业创新战略的研究还不是十分丰富，因此综合董事会成员的多个异质性指标，考察董事会整体的认知异质性对企业创新战略和绩效的影响显得尤为重要。

　　第二，目前连锁董事与企业战略和绩效的研究尚处在发展阶段。更多的研究是关注连锁董事对企业绩效的研究，但是根据现有的研究成果，连锁董事对企业绩效的影响的理论和实证研究上，得到的结论并不一致。这可能是由于不同的学者基于不同的理论并采取的不同的测量指标导致了结论的差异，也有可能是忽视了连锁董事与企业绩效之间存在着某种中介机制或调解机制；虽然近年来国外学者通过对连锁董事与企业战略或行为进行了研究，尝试发掘内部的中介变量，也取得了一些研究成果，但绝对多数研究都是集中在战略联盟、并购战略和组织形式模仿等方面，不仅研究较为零散，缺乏系统性，也忽视了连锁董事对创新战略的重要影响，同时国内对连锁董事网络与企业战略的研究尚在起步阶段，研究成果十分有限，因此，有必要系统地并深入地研究连锁董事网络对创新战略及其企业绩效的影响。

第三，虽然董事会介入企业战略的研究备受学术重视，但是纵观当前的研究成果，较多地是集中在欧美等发达国家的研究背景下开展的，尤其是连锁董事网络的研究上，尽管国外的研究成果提供了较好的参考价值，但是在新兴经济国家的研究背景下的所得到的研究结果很可能存在差异，同时在我国转型经济背景下进行的研究成果也并不多见，因此鉴于这种研究现状，我们有必要深入地研究董事会认知异质性和连锁董事网络与企业创新战略和绩效之间相互作用关系。

第3章 研究框架及研究假设

3.1 研究理论基础

目前国内外对董事会参与企业战略管理过程的研究理论十分丰富，如有学者们从管理层霸权理论、代理理论、管家理论、高层梯队理论和资源依赖理论来分析董事会的战略角色与职能，也有学者从资源依赖理论、监督控制理论、共谋理论、互惠理论、事业推进理论和阶层凝聚理论等多种理论来解释连锁董事存在的原因以及企业战略行为和企业绩效的影响作用，基于这些丰富的理论研究成果并结合所研究的主要问题，本书从嵌入性研究视角，结合高层梯队理论和资源依赖理论和社会网络理论来对董事会认知异质性、连锁董事网络对企业的创新战略和绩效进行深入的研究。

"嵌入性"最早由人类学家波兰尼（Polanyi）提出，后经格拉诺维特（Granovetter）等学者发展完善，形成较为完备的社会嵌入理论。"嵌入性"指企业的经济行为嵌入在其所处的社会关系和社会结构中，会受到所嵌入的社会关系结构的影响（Granovetter，1985）。格拉诺维特（1992）将嵌入分为关系嵌入（relational embeddedness）与结构嵌入（structural embeddedness），进一步刻画了嵌入性的内涵，其中，关系嵌入是指单个行动者的经济行为是嵌入在他与他人互动的关系网络中，各种规则性的期望、对相互赞同的渴求、互惠性原则都会对行为者的经济决策与行动产生重要影响。同时，行动者所在的网络是与其他社会网络相联系的，构成了整个社会的网络结构；同时有学者提出存在四种不同嵌入：认知嵌入、文化嵌入、结构嵌入和政治嵌入（Zukin & Dimaggio，1990）。乌兹（Uzzi，1997）则强调认知嵌入和结构嵌入，并指出结构嵌入主要是关于物质交换关系的质量和网络结构如何影响经济活动，认知嵌入是指行为者在进行理性预算时会受到原有思维意识的限制。

随着学者们研究的深入，嵌入性理论逐渐跨越经济社会学的研究领域，在经济学、管理学等社会科学研究中得到了广泛的应用。学者们对嵌入性的研究也日益呈现泛化的趋势，嵌入性的内涵被极大的延伸。基于嵌入性理论的相关研究成果，可以看出嵌入性理论的提出是把经济与社会联系在一起，将经济活动的分析置于更客观的现实背景中，而企业战略行为与其他经济活动一样，也嵌入在企业所处的社会关系结构中（郑方，2011）。因此，本书根据格拉诺维特（1992）和乌兹（1997）关于嵌入性的观点，主要关注个体微观层面的认知嵌入和企业中观层面的网络结构嵌入对企业战略活动的影响作用，其中，董事会认知嵌入是指企业相关战略行为嵌入到董事会成员认知之中，并受到其认知能力的影响；同时，连锁董事网络嵌入性指的是企业的经济行为嵌入于连锁董事网络蕴含的社会关系之中，会受到这些社会关系结构的影响。

在战略管理领域，高层梯队理论认为战略决策是一个非常模糊、复杂和非结构化的过程，它包含着大量的行为因素，在某种程度上反映了决策制定者的个人特质，每个决策制定者都会根据自己认知和价值观来对所处经营环境进行不同的解读，但由于管理者个人认知是非常有限的，不可能观察到组织和外部环境的每一个方面，做出的个人决策是具有一定缺陷的。因此，高层梯队理论强调应该通过高层管理团队共同制定了公司战略，从而避免复杂决策过程中个体选择的局限性（Hambrick & Mason，1984）。之后，国内外有很多研究学者们关注以高层管理团队的特征为主的团队成员的人口统计特征（demographic traits）和团队异质性（TMT heterogeneity）的研究。随着董事会越来越多地参与到企业战略决策中来，董事认知会异质性对企业未来战略走向也起着重要的作用，高管梯队理论也可以较好地解释董事会认知异质性对企业战略和绩效的影响。

同时，资源依赖理论认为企业要在竞争激励的市场环境中寻求生存和发展主要取决于企业是否能够获取和控制外部资源（Pfeffer & Salancika，1978；Aldrich，1979），而董事会能够为管理层的战略制定与实施提供必要的资源（Daily，1995；Finkelstein & Hambrick，1996），但更强调的董事会是否能够凭借与外部环境的联系来获取和控制外部资源。所以连锁董事的建立成为了企业避免获取外部资源的不确定性和限制一种重要机制，以获取企业在战略决策中所需的有用的信息和关键性资源。资源依赖理论为连锁董事网络嵌入企业战略和绩效提供了很好的解释。

　　结合这两种理论的观点，嵌入性理论为董事会介入企业战略提供了一种全新分析视角。根据嵌入性理论，董事会作为经济行为的主体，其知识经验、认知、社会关系或社会结构等会嵌入到企业的经济活动之中，由此，可以从董事会认知嵌入和网络结构嵌入两个方面来对探讨董事会介入企业战略的过程及效果。其中，结构嵌入性的研究则通常主要关注企业间网络的规模、网络强度、中心性、结构洞等网络特征对企业战略行为和企业绩效所产生的作用（Granovetter，1992；Uzzi，1996；Gulati，1998）。同时结合高管梯队理论和资源依赖理论，董事会能够通过认知、网络关系结构嵌入到企业的经营管理活动中。而希尔曼和达尔齐尔（Hillman & Dalziel，2003）强调董事会的人力资本和社会资本决定了董事会资源提供能力，其中人力资本是职业背景、董事的技能经验、专业知识和教育程度等；社会资本通过一个人或一个社会单位所拥有的关系网络可获得的资源，例如连锁董事等。由此可见，嵌入性理论为董事会介入企业战略提供了一种新的研究视角，而资源依赖理论很好地解释嵌入的重要作用，而社会网络理论为董事会网络嵌入提供了社会网络分析方法。然而，从目前的研究来看，从嵌入性视角下对董事会介入战略的研究十分缺乏，尤其是连锁董事网络的研究是当前研究的一种重要课题。

3.2　研究理论框架

　　在市场竞争愈加激烈和知识与技术日益革新的时代背景下，企业更需要通过产品或服务的持续创新来获得在市场中的竞争优势，因而采取创新战略已成为企业在面对外部市场竞争环境的一种重要的战略选择。同时，董事会不仅具有治理职能，而且也承担着重要的战略职能，董事会通过提供创造性思维和获取外部稀缺资源来影响企业创新战略及其效果。因此，本书从认知嵌入和网络嵌入两个层面对企业创新战略及效果进行分析。具体来说，一方面，董事会异质性体现了认知能力的差异性，董事会在认识层面的差异性对企业创新战略的影响是当前研究重要议题。这主要由于董事会全体成员所拥有的专业知识、职业经验、技能等对企业来说也是非常有价值、难以模仿的特殊资源，同时它们也能反映董事成员的认知差异，影响着企业的创新战略和绩效。另一方面，社会网络对于企业的重要性日益增加，其中连锁董事网络作为企业间所形成的一种重要的网络形式，有利于企业获取重要的网络资源。因此，连锁董事网络中所蕴含有价值的信息、知识和资本等对企业的创新战略和绩效的重要性不言而喻，十分具有研究的必要性。此外，我国企业所面临的外部环境日益复杂多变，所以企业需要动态地匹配这些变化来适时、适当对采取创新战略，进而增强企业的可持续竞争力，带来较好的经营绩效。因此，有必要将董事会、创新战略和企业绩效纳入到一个统一的分析框架中，系统地研究它们之间的相互关系，寻找董事会的认知异质性和连锁董事网络两者对企业绩效的作用的中间变量，从而增强创新战略的有效性并提高绩效。同时，本书借鉴产业组织学的"结构—行为—绩效"（SCP）分析框架，即市场结构决定了企业在市场中的经济行为，而企业的市场行为又决定了企业的经营绩效；在此研究范式的基础上，构建"认知—网络—战略—绩效"的分析模式，即分析董事会的认知特征和连锁董事网络对企业创新战略和企业绩效所产生重要影响作用。因此，基于上述的分析，本书提出如图 3.1 所示的理论研究模型。

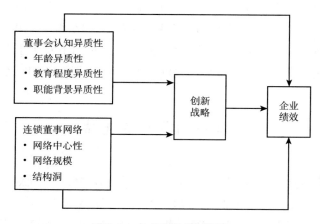

图 3.1　本书理论模型框架

3.3　研究假设提出

3.3.1　董事会认知异质性与企业创新战略的研究假设

高层管理团队异质性是学者们讨论较多的话题，早期的学者们认为团队异质性主要反映了其内部成员在价值观和认知水平方面的差异性，认知异质性越高的团队，往往对复杂信息的收集、理解和分析等方面的能力就越强，并且对企业所存在的某些问题或重大决策等会产生多样化的观点，有利于从不同的角度来对相关问题进行全面解读，从而提高团队的决策质量（Hambrick & Mason，1984；Simons，1995）。持同样观点的学者也指出成员之间的异质性为团队提供了不同的知识和信息、决策方式以及更为广泛的视角（Naranjo-Gil，Hartmann & Maasz，2008）。同样地，基于高层梯队理论，借鉴高管团队的研究成果，本书认为董事会作为企业战略决策的重要参与人，其异质性也会对企业创新战略产生影响。

（1）董事会年龄质性对创新战略的影响

根据高管梯队理论的观点，团队成员的年龄的大小可以反映各成员的认知基础，团队年龄异质性主要体现团队成员在工作经验、风险偏好态度和信息接收与处理能力等方面的多样化程度（Hambrick & Mason，1984；Finkelstein & Hambrick，1996）。更有学者指出团队年龄异质性较高时，该团队成员不仅拥有不同的人生阅历和工作经验，而且还有利于观点的多样化，有助于提高决策有效性，因而年龄异质性团队做出的决策会比同质性团队更加有效（Mcleod，Lobel & Cox，1996）。有学者也认同这一观点，即团队的年龄异质性较高时，团队成员在分析问题和解决问题时有更多不同角度和见解，这为团队决策提供了丰富创新方案，有利于提高决策质量（Simons，Pelled & Smith，1999）。同时，不同的年龄与团队成员的创新意识、学习能力和风险承受能力密切相关，较年轻的团队成员更乐于接受新鲜事物，学习能力也较强，创新意识更活跃，具有冒险精神；而较年长的团队成员有着更丰富的经验，处事风格更为周全，沟通与关系协调能力更强，倾向于稳健经营而规避风险。可见年龄过于同质化团队容易是企业创新决策走向极端，而年龄异质化团队能够更好的优势互补和信息共享，这就有利于保留创新意见的同时减低创新风险，使企业做出合理的创新战略决策（Wiersema & Bantel，1992；李维安等，2014；张伟华，2016）。因此，基于上述的分析，本书提出如下假设：

H1a：董事会年龄异质性与企业创新战略正相关。

（2）董事会教育程度异质性对创新战略的影响

团队成员受教育程度反映了个人的知识基础，而且也反映了他们自身的所形成的价值观和认知能力。尤其是在当今复杂多变和不确定性日益增加的环境中，受教育程度较高的成员具有更强的认知能力和学习能力，对不确定环境相关信息因素的分析中保持清晰的思路，有能力进行准确战略定位以适应环境的变化，做出更加全面而创新的决策（Bantel & Jackson，1989；何强和陈松，2011）。根据高层梯队理论的观点，教育程度较高的管理者具有丰富的专业知识和较强的技术能力，从而促进了对新技术或方法的模仿或创新行为的产生（Hambrick & Mason，1984）；从而有助于企业做出高质量的创新决策以获得具有创造性的突破（Gradstein & Justman，2000）。还有学者认为高教育水平的董事会成员看问题的视角更为开阔，促使企业决策方案更具创新性，有利于企业创新战略的选择（Mahadeo et al.，2012）。有学者通过了实证研究验证了董事会成员教育程度有利于加大企业对技术创新投入的强度，提高创新绩效（李前兵，2010；周建和李小青；2012）。由此可见，受教育程度较高会对企业创新战略的积极影响，但是在董事会教育程度异质性对企业创新战略会有消极影响。当董事会教育程度不同时，董事成员所拥有的专业知识和技术能力和逻辑思维方式也会产生较大的差异，易产生认知冲突，并规避决策风险，影响企业创新战略决策（李小青、周建，2012；李维安等，2014）。正如学者李小青和周建（2012）研究发现董事会异质性对企业研发的支出产生了负面作用，这就意味着董事会异质性越大研发却越小；同样，李玲等（2018）也在实证研究中也得出了董事会教育水平异质性对企业创新战略有着显著的负向影响作用的结论。

根据以上分析，本书认为董事会教育程度是企业创新战略的一个重要的影响因素，董事会教育程度的不同在很大程度上反映了董事会成员认知能力、信息处理能力和风险偏好的不同，而创新战略是需要识别创新机会、处理大量信息和承受相应风险的企业行为选择，因此，本书提出以下假设：

H1b：董事会教育程度异质性与企业创新战略负相关。

（3）董事会职业背景异质性对企业创新战略的影响

董事会职业背景异质性是影响企业战略决策的重要因素。不同的职业背景往往代表着董事会成员拥有了丰富的工作经验和专业知识技能（Golden & Zajac，2001），对同一问题有着多层次的理解并提出多种解决方案，从而更具有创造力。而职业背景同质性的董事会很可能由于具有相似的经验和知识而形成了相同的认知模式，导致在接收和处理复杂的信息时更易于基于相同的经验产生有限的决策方案，不利于企业创新方案的产生。在对高管团队异质性与战略决策之间的关系的研究中发现，在处理较为复杂的问题时，高管团队的职业背景异质性虽然增强了团队内的认知冲突，但是却更有助于提高企业战略决策的质量，并产生多种具有创新性的决策方案，从而比职业背景同质性的团队的战略决策效果更好（Amason，1996）。根据高管梯队理论，职业背景异质性的团队对非结构化的问题的处理能力更强，更倾向于做出具有创造性的研发投资决策，以增强企业对创新投入力度（Carpenter et al.，2004）。同时，董事会职业背景的异质性也促进了董事们对企业决策进行建设性辩论，使董事会成员易于接受新思维，增强企业对创新问题的讨论（Tuggle et al.，2010）。国内很多学者对高层管理团队进行了研究，结果表明高层管理团队的职业背景异质性可以提供企业的技术创新绩效水平（谢凤华等，2008；马富萍和郭晓川，2010）。周建等（2013）以我国高科技上市公司为研究样本，对董事会人力资本和企业研发投入之间的关系进行了研究，并认为董事会职业背景异质性是董事会人力资本的重要部分，具有不同职业背景的董事会在决策中从不同的角度来分析复杂的问题，可以有效地避免了群体思维，帮助企业在提高决策质量的同时也减少了相应的决策风险，因而职业背景异质性的董事会更倾向于鼓励对企业研发的投入强度。

因此，董事会职业背景异质性反映了董事会成员经验知识和技能的差异性，直接影响董事会成员看待问题和分析问题方向和方法，提高了董事会认知多样性；职业背景异质性的董事会成员具有创新性的思维方式，有利于发掘创新机会，并从多元化的视角对企业所面临的机遇和威胁进行全面系统的分析，倾向于通过必要的认知冲突的辩论来避免认知局限性，产生高质量并具有创新性的决策方案，从而增强企业的创新意识，促进企业对创新战略的选择。基于此，本书提出以下假设：

H1c：董事会职业背景异质性与企业创新战略正相关。

3.3.2 连锁董事网络与企业创新战略的研究假设

近年来，国内外学者分别考察连锁董事网络的规模（彭正银、廖天野，2008）、中心性（任兵等，2007；段海艳，2009）、网络密度（Kim，2005）、网络强度（Pfannschmidi，1995）和结构洞（Martin et al.，2013）与企业绩效的关系，然而尚未有学者对连锁董事网络与企业创新战略的关系进行研究。基于数据的可获得性和本书对网络结构特征的关注，主要从网络规模、网络中心性、结构洞三个重要的网络特征来分析企业的连锁董事网络对企业绩效的影响作用，其中网络规模能够反映整体网络的结构层次，网络中心性和结构洞可以反映企业在网络中所处位置结构，是企业间网络研究的重要的特征指标。因此，本书根据资源依赖理论和社会网络理论的观点，分别从连锁董事网络中心性、结构洞和网络规模对企业创新战略的影响提出假设。

（1）网络中心性对企业创新战略的影响

网络中心性代表着企业在连锁董事网络中占据中心位置，意味着企业在网络中具有更大的权力，可以减少企业对周围环境的依赖程度，缓解可能由于技术变革所带来的负面影响（Thompson，1967）。具体来说，在网络中占据核心位置不仅可以与更多的其他企业建立网络伙伴关系，而且也增强企业的控制优势（Powell et al.，2001），企业可以通过在连锁董事网络对网络资源的控制优势，从网络中获取新的知识和技术，并新知识和技术的基础上进行持续改进，提供企业自身的创新能力；同时具有较高网络中心性的企业更容易获取更多的信息（Ahuja，2000），这些在连锁董事网络中的中心位置所获得的信息，帮助企业对市场前景进行判断并有利于企业得到更多的未来发展机会（Martin et al.，2013）。类似地，连锁董事网络的中心性也有助于企业在网络伙伴中进行信息的传递，改进企业与网络伙伴的关系，增强企业间信息和知识的共享，为企业创新活动提供有用的参考。同时，企业间网络中蕴含着大量的信息和丰富的资源，占据连锁董事网络的中心位置的企业更获得这些网络资源，并且随着网络嵌入程度的提高，企业拥有的信息渠道也会随之增加（Useem，1984），并提高企业对外部环境的反应能力，优先进行企业创新活动（Burt，1982）。

因此，网络中心性反映了企业在所嵌入的网络中的相对位置，相对于处于网络边缘位置的企业而言，企业的网络中心度越高，就会建立更多的高质量的联结渠道，从这些与外界联系的渠道中获取企业创新所需要的相关信息、知识和技术等稀缺资源，同时处于网络中心位置的企业对网络中各种信息和资源的利用效率也越高，从而通过所形成的不对称的资源优势来促进企业创新行为的产生。基于以上分析，本书提出以下假设：

H2a：企业在连锁董事网络的中心性与企业创新战略正相关。

（2）网络规模对企业创新战略的影响

企业在连锁董事网络中所拥有具有联结关系的企业数量，会对企业创新战略产生积极的影响，这主要是因为更大的网络规模为焦点企业提供更多的知识共享和互补性资源，并带来规模经济（Ahuja，2000）。企业的网络规模越大，代表着企业与更多其他企业建立了联结关系，这有利于企业从网络伙伴中获取大量的知识，而这些知识对企业创新活动而言有着重要的作用。同时，企业在网络所建立的合作伙伴关系可以为企业带来不同企业的互补性技术等关键资源（Richardson，1972；Arora & Gambardella，1990），而企业创新战略的制定和执行过程中，恰恰需要这些知识基础和不同的技术，以保持企业在技术日益革新的环境中处于优势地位（Mitchell & Singh，1996）。通过利用其他公司的开发能力，企业能够增强其自身的知识基础和技术创新能力，以提高企业创新绩效。此外，当企业间形成的网络范围越大，网络中企业的数量越多，企业间会产生更多的新知识，不仅促进企业创新的产生，而且也带来了一定的规模经济。同时在网络拥有更多联结关系的企业更具有充分利用规模经济的优势，更多享受由技术转移而带来的好处（Ahuja，2000）。有学者对管理者个人的关系数量进行了研究，发现管理者与越多的企业外部人员建立关系，就越可能获取产品开发中所需的重要资源，并对企业创新产生积极的作用（Falemo，1989），这一结论也同样适用于企业的连锁董事。企业通过扩大网络规模也可以增大企业所获得有效信息的范围和数量，同时也增强了知识与技术等互补性资源的获取，进而为企业创新提供重要的信息和资源（Gulati，1995）。

企业要采取创新战略除了充分利用已有的内部资源外，还需要从组织外部获得补充性资源，包括知识、技术和资金等，因而，企业通过扩大连锁董事网络规模来从获取网络资源，越大的网络规模越有利于企业建立更加快捷的信息渠道，同时增强目标企业对资源的获取利用能力以及对环境的适应能力。可见，连锁董事网络的规模的增加可以为企业带来更多的物质性资源和大量的信息资源，尤其是新的知识与技术以及发展机会，有利于企业创新战略决策。因此，本书提出如下假设：

H2b：企业连锁董事的网络规模与企业创新战略正相关。

（3）网络中结构洞对企业创新战略的影响

美国著名社会学家伯特（Burt，1992）首次对结构洞（structural holes）进行定义，即"社会网络中某个或某些个体和有些个体发生直接联系，但与有些个体不发生直接联系、无直接或关系间断的现象，从网络整体看好像是网络结构中出现了洞穴"，并强调企业间网络中结构洞一般是处于关系稠密地带之间的稀疏地带，最有可能给企业带来竞争优势[①]。而处于结构洞位置

---

① 　Burt R S. Structural holes：The social structure of competition ［M］. Cambridge：Harvard University Press，MA，1992.

的企业与之前不具有联结关系的企业建立伙伴关系，更有可能获取不同的信息流（Hargadon & Sutton，1997）。因而，最大限度地跨越结构洞或最小化冗余伙伴关系，是构建一个高效的信息网络的重要方式，有利于产生新创意（Burt，1992；Hans，2008；Podolny，2001）。网络中的结构洞可以增强企业获取多样化的信息增强企业的创新投入（Ahuja，2000）。企业从网络中所处的位置获益，创新型企业可以通过桥接网络中结构洞来增强自身的创新能力并提高企业绩效（Zaheer & Bell，2005）。也有很多国外学者认为企业在网络中占据结构洞位置可以获得新信息、掌握新知识和发现新机会，有利于企业技术创新（Uzzi，1997；Akbar，2005；Marie，2010；Jason，2010）。国内学者罗珉、高强（2011）对我国网络组织具有网络封闭性特征，网络的封闭性可以为企业间建立较强的联结关系以获取封闭网络中的社会资本，并且我国企业更倾向于在已形成封闭网络中寻求与占据结构洞位置的企业建立合作关系，从而以此来跨越封闭网络边界，获取更多的外部资源。章丹、胡祖光（2013）从不同类型的技术创新活动来分析网络的结构洞对企业技术创新的双向影响作用，研究发现企业在网络中占据结构洞位置可以促进企业探索式技术创新活动，并且与非联结关系的企业建立网络伙伴关系可以增强彼此之间的信任，促进探索式技术创新活动；然而结构洞并不能显著影响企业利用式技术创新活动。

因此，占据结构洞位置的企业，与网络中更多的非联结关系的企业合作，建立非冗余关系以促进社会资本的积累，不仅增强了网络伙伴的多样性，也可以获取更有价值新信息和新知识，把握更多的机会来促进企业创新战略的选择。因此，本书提出以下假设：

H2c：企业在连锁董事网络占据结构洞的位置与企业创新战略正相关。

3.3.3 创新战略与企业绩效的研究假设

创新是企业创造新价值的一个过程，企业通过重新组合企业内部各种生产要素，并有效地利用各种资源，以推动企业发展并提高市场竞争能力。创新的内容较为丰富，涵盖了产品创新、技术创新、组织创新和市场创新等多方面。其中，企业在创造新价值的过程，技术创新显得尤为重要。

企业通过技术创新可以将企业内部的要素进行整合，通过新技术、新产品、新生产流程以及新的服务方式，将原有的生产要素转化为新的生产方式或可视的产品或服务，并将这些创新成果推进到市场之中（张纬良，2003；刘常勇，2004），获得相应的利润以提升企业的绩效水平。同时企业采取不同强度的创新活动，对企业绩效也会产生不同程度的影响。企业不仅可以通过持续的改进来优化生产流程、改善产品性能和提高服务质量（Samson & Terziovski，1999），进而不断提高企业技术水平，累积生产、产品和服务经济效益，推动企业绩效的提升（Jha et al.，1996）；而且企业也可以通过突破传统的技术水平和商业模式，开发全新的产品和服务来激发潜在的市场需求，从而改变当前的市场竞争格局，开辟全新的市场（Dewar & Dutton，1986），在新市场中占据主导地位，这就需要企业加大研发力度，增强企业的技术研发投入水平。因此，企业采取创新战略是企业在生存和发展过程中积极地参与市场竞争的一种战略选择。国内学者宝贡敏和杨静（2004）通过对我国中小企业进行了实证研究，也发现企业的技术创新战略能够有效地提高企业的经营绩效。企业的技术创新成为了在竞争激烈的商业环境中获取竞争优势的重要战略性资源，较高企业技术创新能力更有利于企业绩效的提高（Kuen-Hung Tsai，2004）。

根据以上的分析，本书认为企业所采取的创新战略是与行业环境的竞争情况和市场的潜在需求密切相关的，企业通过对各生产要素的整合，使用新的知识或技术为顾客提供所需新产品或服务，既满足了市场需求又增强了企业对行业环境变化的适应能力，不仅能够提高企业竞争力而且会促进企业绩效的提升，因此，本书提出以下假设：

H3：企业采取创新战略会提高企业绩效。

3.3.4　董事会认知异质性与企业绩效的研究假设

（1）董事会年龄异质性对企业绩效的影响

董事会团队成员的年龄结构应该保持一定的合理性和层次性，才能提高团队效能（焦长勇和项保华，2003）。塞萨和杰克逊（Sessa & Jackson，1995）认为团队由不同年龄的成员构成有利于构建一种特殊社会关系，这也就是说董事会年龄异质性较大时，不同年龄的董事会成员组合在一起而形成了社会关系情境，即避免同年人的竞争又整合团队行为，从而有助于企业良好运营。持相同观点的学者也指出团队年龄异质性可以帮助减少情感冲突（Pelled et al.，1999）。同时，董事会团队年龄异质性即可以保留年轻董事的学习能力、信息处理能力和创新能力，又可以保留年长董事的沟通与协调能力和稳健决策能力，这样会发挥董事会团队最大效能，有助于企业绩效的提高（Wiersema & Bantel，1992；李维安等，2014）。张伟华（2016）也指出董事会年龄异质性越大，会提供更多的知识与信息等认知资源，这有利于企业从多个的角度去思考问题，提高团队决策的灵活性。也有学者通过实证研究发现，团队年龄异质对企业绩效产生显著正向作用（陈忠卫和常极，2009；赵丙艳等，2015）。基于以上分析，本书认为董事会年龄异质性在一定程度上克服了认知的局限性，董事成员根据自身不同的知识经验，为企业提供更多的多样化信息资源，通过有效沟通与协调，减少冲突和降低决策风险，提高团队效能，为企业决策提供异质性的建议和意见，为企业未来发展寻求机会，对企业绩效的提升做出积极努力。因此，基于以上分析，本书提出以下假设：

H4a：董事会年龄异质性与企业绩效正相关。

（2）董事会教育程度异质性对企业绩效的影响

高教育水平通常被认为是一种独特的资产，教育程度较高的团队成员具有更为专业的知识和技能（何强和陈松，2011），在复杂多变的决策情景中的敏锐洞察力较高，对动态环境的应对能力和对复杂问题的解决能力更强（Datta et al.，2003；孙海法等，2006），为企业决策提供越多的有效信息（Tihanyi et al.，2000），从而会对企业的长期绩效产生积极作用。而所受教育程度较低的成员对复杂的信息和新情况的处理能力和分析能力较弱（Wiersema & Bantel，1992），其认知能力、学习能力和理解能力越低（黄越，2011），不利于企业决策质量和企业绩效的提升（Smith et al.，1994）。董事会教育程度异质性越高，团队成员之间的教育程度差异就越大，成员之间可能会出现交流的困难，在认识和处理董事会面临问题上容易出现分歧，从而削弱团队凝聚力，不利于企业决策（Milliken & Martins，1996；Miller & Triana，2009；李小青和周建；2012）。学者李长娥等（2016）在实证研究中表明过度异质化的董事群体难以将相关问题达成共识，从而减低了决策效率；也有学者同样发现董事会同质性的教育程度相对能够达成一致共识（李玲等，2018）。根据国内外学者的观点，本书认为董事会教育程度异质过大，降低对信息的甄别、获取和开发能力，阻碍董事会成员间的有效沟通，容易产生董事会的内部冲突，从而降低企业的凝聚力，不利于企业绩效的提高。基于以上分析，本书提出以下假设：

H4b：董事会教育程度异质性与企业绩效负相关。

（3）董事会成员职业背景异质性对企业绩效的影响

董事会成员的职业背景异质性是董事在进入当前企业之前在职业经验方面的差异性。具体来说，职业背景的异质性包括了董事会成员以往在不同的职能部门、企业和行业中工作经验的差异性，而董事会成员个人的知识技能、工作取向和观念认知的形成等在很大程度上来源于他们的职业经验（Hambrick & Mason，1984）。在实践工作过程中也可以发现，管理者往往根据自身的工作经验和所在的职能部门来对某一特定的问题进行分析，工作经验相似或所在的职能部门相同的管理者在对同一问题的看法和意见也比较接近（Dearborn & Simon，1958）。董事会职业背景的异质性则意味着董事成员的职业经验背景具有一定的差异性，团队成员可以从不同的工作经验出发来对外部环境变化多角度的解读，并获得更多的有用的信息，帮助企业做出高质量的决策来提高企业绩效。同时，国内外较多研究学者通过实证研究来探讨团队的职业经验背景的异质性对企业绩效的产生影响作用，大量的研究表明团队的职业经验异质性对企业绩效产生显著的正向影响（Hambrick，Cho & Chen，1996；Carpenter，2002；古家军和胡蓓，2008；黄越等，2011；赵丙艳等，2015）。因此，董事会职业背景异质性有助于董事会成员从不同的视角和认知模式来分析相对复杂的问题，为企业决策提供多样化的意见和建议，提高企业决策的质量并促进企业绩效的改善。因此，本书提出以下假设：

H4c：董事会职业背景异质性与企业绩效正相关。

3.3.5　连锁董事网络与企业绩效的研究假设

目前国内关于连锁董事的研究成果主要集中在连锁董事对企业绩效的影响的研究上，并产生了模棱两可的结果。有很多学者基于资源依赖理论、互惠理论和监督控制理论等通过实证研究发现连锁董事对企业绩效有着积极作用，主要体现连锁董事不仅可以与连锁关系中其他企业建立合作互惠的关系，从而为企业带来外部信息和资源，而且还可以通过指派董事来进行有效的监督控制，有利于企业绩效的提高（Carrington，1981；Burt，1983；Rosenstein & Wyatt，1994；Uzzi et al.，2002；Sarkar et al.，2009；田高良等，2011）。与之相反的是，有学者基于忙碌假说和阶层凝聚理论等观点，认为连锁董事的存在对企业绩效产生负面的影响，这主要是由于连锁董事有可能过于忙碌而无暇致力于对管理层的监督，不能有效发挥公司治理作用，甚至为了自身利益或整个阶层的利益而产生不利于企业发展和绩效提高的行为（Fligstein & Brantley，1992；任兵，2005；卢昌崇、陈仕华，2006；Non et al.，2007；Ahn，Jiraporn & Kim，2010）。此外，还有研究表明连锁董事对企业绩效的影响效果并不显著，甚至认为连锁董事对企业绩效是正向的还是负向的影响还不确定（Rosenstein & Wyatt，1990；段海艳、仲伟周，2004；Silva et al.，2006）。可见，学者们基于不同的理论对连锁董事的存在会对企业绩效产生怎样的影响问题上还存在着很大的分歧，有必要进一步深入探讨；同时，国内外对董事之间的连锁关系而形成的企业间网络对企业绩效会带来什么样的重要影响的研究往往被忽视，因此，从连锁董事网络角度来分析连锁董事存在的意义是当前研究的重点问题。

学者们对不同的类型的网络进行了研究，普遍认为当企业在组织间网络中处于一个较好的位置对企业绩效有着积极影响作用（Baum & Oliver，1992；Collins & Clark，2003；Dyer，1996；McEvily & Marcus，2005；Podolny，1993；Powell et al.，1999；Zaheer & Bell，2005）。这一关系在战略联盟网络（Ahuja，2000）、内部管理层形成的网络（Uzzi，1997）、高管社会网络（Collins & Clark，2003）、供应商网络（Dyer，1996）和风险资本集团网络（Hochberg，Ljungqvist & Lu，2005）等都得到了证实。有学者研究发现企业中许多机制是通过网络位置来增强企业绩效，包括快速获取网络中其他企业的资源，快速传播关于机会和威胁的信息，充分了解网络中合作伙伴的情况方面信息（Powell & Smith-Doerr，1994）。正如乌兹（Uzzi，1996）指出在网络中的企业受益于企业间资源共享、合作和协调性适应。因此，网络和绩效之间关系研究的理论和观点也运用到对连锁董事网络的研究之中。

（1）网络中心性对企业绩效的影响

网络中心性是社会网络分析的研究重点之一。网络中心性通常是用来描述企业在连锁董事网络中居于什么样的中心地位，拥有的权力大小如何，因此，它反映了在企业间网络中企业对其他企业的影响力或依赖性。企业在连锁董事网络中占据核心位置通常会更容易获得大量的信息（Useem，1984）。网络中心性所提供的信息被认为是能够促进企业改变实践行动，提高企业的学习能力并取得最佳结果的重要动力，这直接影响到企业绩效和发展前景（Davis，1991；Shipilov，Beckman & Haunschild，2002；Greve & Rowley，2010）。更为重要的是网络的中心位置所提供的信息也被认为是一种外部资源，很可能增强企业战略能力和提高企业绩效（Gulati，1999；Zaheer & Bell；

2005）。国内学者任兵等（2007）认为企业在连锁董事网络中所处的中心位置更易于获取更多有效的信息和重要资源，同时由于这种强大信息和资源优势，该企业也具有较强的对网络中其他企业之间关系的协调和控制能力，从而这些优势和能力也有利于提高企业绩效水平。田高良等（2011）对连锁董事对财务绩效和公司价值影响的研究中发现，企业在连锁董事网络的中心性对企业长期绩效产生积极的影响，这主要是因为具有连锁关系的企业可以通过形成结盟来获得网络资本，企业在连锁董事网络所占据的中心位置越有利于降低交易成本并规避资源约束，促进企业绩效的提高。可见，在连锁董事网络中企业所处的不同位置对企业经营绩效水平的影响也不同，位于连锁董事网络核心位置的企业往往会利用在网络位置的优势，更易于获得有用的网络资源，并进一步地通过企业网络的嵌入性把自己放在具有信息优势的位置（Salman & Saives，2005），从而充分利用各种网络资源并提高对外部环境变化的应变能力，促进企业绩效的提高。因此，企业在连锁董事网络中所占据的中心位置会对企业绩效产生积极的影响。由此，本书提出以下假设：

H5a：企业在连锁董事网络的中心性与企业绩效正相关。

（2）网络规模对企业绩效的影响

社会网络研究中通常将网络规模作为企业间网络的基本特征进行研究，连锁董事网络规模主要反映网络的大小，表示企业与连锁董事网络中其他企业建立联结关系的数量和范围（Burt，2004）。随着网络规模的扩大，企业会与越来越多网络伙伴建立联结关系，企业在网络中的联系范围也更为广泛，有利于拓宽企业获取信息的渠道。由于较大网络规模的企业所建立的网络中节点数量也越多，目标企业很可能在这些具有联结关系的其他企业中获取重要的商业信息，来为企业的战略决策提供参考（Granovetter，1978）。因而，企业通常将通过建立连锁董事关系来形成的网络作为企业获取信息和资源的重要渠道（Burt，1983）。同时从网络嵌入视角来看，连锁董事网络规模的大小直接决定了企业嵌入连锁董事网络的程度的不同，当企业与网络中更多的其他企业建立连锁董事关系时，该企业的网络嵌入程度就越大（陈仕华，2009），而较强的网络嵌入性不仅有利于加强企业对外部环境的了解程度和适应能力，而且也有助于加强对网络资源的获取能力。可见，企业的社会网络规模决定了企业在网络中建立联结关系的其他企业数量的多少和这些联结关系的企业自身所拥有的资本情况（Bonrdieu，1986）。企业的社会网络对其资源获取能力与范围有着重要的影响作用，其中企业社会网络的规模可以提高企业对外部资源的获取能力并促进企业绩效的提高（Reese，1993）。

根据资源依赖理论，企业是多种资源的集合，企业获取和控制外部资源的能力决定了企业的生存和发展，而连锁董事网络的建立为企业获取外部重要资源提供了一种途径。企业通过与其他企业建立连锁董事关系来寻求合作关系，从所形成的网络中获取有用的信息和稀缺资源，促进企业的发展和绩效的提高。网络规模越大意味着企业可利用的网络资源越丰富，同时也增强了目标企业对商业环境和竞争对手情况的了解，从而更多的信息和资源有利于企业可持续竞争优势的提高并带来企业绩效的增加。因此，本书提出以下假设：

H5b：企业连锁董事的网络规模与企业绩效正相关。

（3）网络中结构洞对企业绩效的影响

根据伯特（Burt，1992）结构洞理论，在连锁董事关系所形成的企业间网络中，如果企业与行业内其他相似类型的企业建立连锁关系，那么企业所获取的网络信息或资源极有可能是重复的、同质的，这些信息或资源并不能增加企业的社会资本存量；而企业可以通过桥接结构洞的行为与连锁董事网络中没有联系或者关系间断的其他企业建立连接关系，可以消除冗余关系，更有效地管理稀缺资源或关系（Burt，1997；Gnyawali & Madhavan，2001），所以在网络中所存在的结构洞有助于积累社会资本（Burt，1992）。

企业在连锁董事网络的占据结构洞的位置是否能够提高企业绩效这一问题也称为了关注的焦点。扎希尔和贝尔（Zaheer & Bell，2005）通过实证研究证实了企业可以通过桥接网络中的结构洞来企业绩效的提高。其后希皮洛夫和李（Shipilov & Li，2008）在研究中指出企业占据结构洞的位置可以获得新的商机和合作伙伴，不仅有利于实现地位累积，还可以通过资源整合来提高企业的市场绩效。由此，学者们普遍认为在网络处于结构洞的位置企业，不仅可以从网络中快速地获取有用的信息、知识等关键性资源，而且能够通过控制结构洞来对抗竞争对手，从而增强自身的竞争优势，提高企业绩效（Burt，1992；梁丹等，2010；魏乐等，2013）。同时，企业也可以通过桥接网络中的结构洞来缩短信息传播的路径，快速来访问的网络资源，并根据即将到来的威胁和机会的信息进行更快的定位，深入了解已有的合作伙伴并发现潜在的盟友，从而通过与网络伙伴建立合作关系，来利用网络资源并规避外部风险，最终促进企业绩效水平的提高（Powell & Smith-Doerr，1994；Uzzi，1996）。基于这些研究观点，本书认为连锁董事网络中的结构洞有利于获得非冗余关系和信息，通过与其他企业建立合作伙伴关系，来促进社会资本的积累，最终有利于企业绩效的提高。因此，本书提出以下假设：

H5c：企业在连锁董事网络的占据结构洞的位置与企业绩效正相关。

3.3.6 创新战略的中介作用假设

（1）创新战略在董事会认知异质性和企业绩效间的中介作用假设

企业如何在竞争激烈的市场环境中取得良好的经营绩效是学术界和理论界共同关注的话题。创新战略作为一种重要的竞争战略而备受重视。同时，随着董事会越来越多地参与到企业的战略制定和实施中，董事会对整个企业的组织协调和经营管理都有着很大的决策权与控制权。而团队的决策是基于团队成员对外部环境变化认知和解释并通过战略选择对外部变化的反应和模拟过程（Tushman & Romanelli，1985），可见团队的整体认知水平对企业战略选择有着极其重要的作用，其是在面对日益复杂的动态经营环境时，要求团队成员紧密地在一起工作，从多个角度来对变化的环境做出解读并做出相应的快速反应。由此，董事会的认知异质性能够为企业提供具有创造性的思维和多样化的观点，对企业的创新战略的选择产生重要的影响。同时，基于高层梯队理论，高管团队的人口统计学特征是十分重要的解释变量，能够较好地反映董事会价值观和认知基础，并会对一系列中介变量和过程产生影响，最终对组织后果产生影响（Pfeffer，1983）。基于此，学者们通常从团队异质性出发来考察对企业战略及其对组织绩效的影响过程（Hambrick & Mason，1984）。根据此理论的观点，本书认为董事会认知异质性不仅会直接对企业绩效产生影响，而且还会通过战略选择行为来间接地影响企业绩效，而创新战略作为一个重要的中介变量，可以传递董事会认知异质性对企业绩效的影响。董事会在企业中承担着提供建议并分配资源的重要任务，异质性的董事会具有更为丰富的人力资本和社会资本，能够为企业的创新战略提供多种信息和资源（李小青，2012），而企业采取创新战略的目的就是为了通过满足顾客和市场的需求来增加市场份额，以获取可持续竞争优势，最终提高企业的经营绩效。因此，本书提出以下假设：

H6a：创新战略在董事会年龄异质性和企业绩效之间起到中介作用。

H6b：创新战略在董事会教育程度异质性和企业绩效之间起到中介作用。

H6c：创新战略在董事会职业背景异质性和企业绩效之间起到中介作用。

（2）创新战略在连锁董事网络与企业绩效间的中介作用假设

创新是企业竞争优势的主要来源，企业需要根据外部市场竞争情况，对内外部资源进行配置，尤其是外部异质性资源，选择可以增强企业竞争力的创新战略（朱伟民，2008）。根据资源依赖理论，连锁董事是企业与外部环境进行信息和资源交流的媒介，连锁董事不仅能更好地与供应商、客户甚至竞争对手建立关系，帮助企业获取连锁董事网络中的信息和资源，还能为企业董事会带来新知识和丰富管理经验（田高良等，2011）。由连锁董事形成的企业间网络对创新战略有着重要的影响，并通过企业创新战略进而影响企业经营绩效。具体来看，根据资源依赖理论，连锁董事网络中包含了多样化的信息和资源，企业在连锁董事网络越处于中心位置，并会越可能获取这些网络资源（Useem，1984），同时也提高了企业对外部环境的反应能力，是企业根据外部环境的变化，有效地利用各种资源来提高企业的创新能力，从而对企业绩效产生积极的影响作用。企业的连锁董事网络规模越大，企业与越多的企业建立连锁董事关系，从而扩大了企业在网络中获取信息和资源的范围，企业从网络伙伴中获取大量有效的信息和互补性技术等网络资源，来得到更多的创新机会并充分利用这些资源提供企业的技术创新能力，最终获得企业的创新绩效。对于连锁董事网络中的结构洞而言，通过桥接结构洞可以为占据结构洞位置的企业提供获取信息利益和控制利益的机会，比网络中其他成员更具竞争优势，同时占据该位置的企业可以从其他"圈外"企业中获得新的观念和新想法，可以为企业创新战略提供重要的参考，促进企业对创新战略选择，进而提升企业绩效。因此，连锁董事网络的三个重要的特征，网络中心性、结构洞和网络规模，都会利用各种方式来获取外部信息和资源，并通过企业创新战略选择和实施来促进企业绩效的提高。因此，本书认为创新战略是连锁董事网络与企业绩效之间一个重要的中介变量，并提出以下假设：

H7a：创新战略在连锁董事网络中心性和企业绩效之间起到中介作用。

H7b：创新战略在网络规模和企业绩效之间起到中介作用。

H7c：创新战略在结构洞和企业绩效之间起到中介作用。

3.4　本章小结

本章首先根据本书的研究主题，提供研究的理论基础，即从嵌入性研究视角，整合高层梯队理论、资源依赖理论和社会网络理论来深入地分析董事会如何介入企业创新战略及效果。概括来说，嵌入性视角为董事会介入企业战略提供了全新的研究角度；同时，高层梯队理论较好地解释了董事会通过认知嵌入企业创新战略及绩效的作用机制，而资源依赖理论则对董事会网络嵌入企业的创新战略及绩效的作用过程提供了理论基础；社会网络理论为董事会网络嵌入提供了社会网络分析方法。其次，基于研究的理论基础，借鉴产业组织学的"结构—行为—绩效"（SCP）分析框架，在此研究范式的基础上，构建"认知—网络—战略—绩效"的分析模式，综合考察董事会认知和网络结构特征、创新战略和企业绩效之间的相互关系，构建了理论研究框架。最后，根据理论基础和研究框架，并对每组研究变量之间的逻辑关系进行系统的梳理，提出研究假设，从而为后续实证检验提供分析方向。

第4章　研究设计

4.1　研究样本与数据收集

4.1.1　样本选取与数据来源

本书选择我国上市公司为研究对象，利用公开的数据进行实证分析。本书选取 2015～2019 年上海地区 A 股上市公司作为研究样本。需要说明的是，选取这些样本有以下几个原因：首先，选取 A 股上市公司是因为数据的可获得性，A 股涵盖了我国绝大多数的上市公司，同时上市公司由于会定期地披露相关的公司信息，如公司治理信息、高管个人资料、董事会兼任情况、企业财务状况等，这些信息易于获得，有利于研究的开展，因此，在选取上市公司为研究样本，有助于后续的实证研究；其次，选取上海地区的上市公司来研究是由于连锁董事网络具有地域的趋同性，通过整理上市公司中董事兼任情况，可以发现由董事的连锁关系来建立的企业间网络，具有明显的地域趋同性，即企业的董事会成员绝大多数是在同一地区的企业兼任董事，而正是由于相同地域的企业间形成的连锁网络更便于企业在相同的地理文化背景、经济发展程度和市场交易规则等情况下，进行企业间交流与合作，快速地获取信息和资源，减低外部环境的确定性，同时国内学者段海艳（2012）在连锁董事网络的研究中也证实了这一普遍现象并研究发现处于同一地区的本地连锁更有利于企业绩效的提高；因此，在研究连锁董事网络时，有必要选择某一特定的地区子网，而上海作为我国首个自由贸易试验区，是中国的经济、金融和贸易中心，因而本书所选取的上海地区也是最具中国经济发展代表性的地区。综上所述，由于 A 股上市公司样本数最多，年报数据成熟可信，因而着重于上海地区 A 股上市公司的研究具有更强的针对性和现实意义。

本书的数据主要来源于"中国证券网""新浪财经""巨潮资讯"等网站披露的公司年报，将经过手工收集整理而得到，部分董事会原始数据和公司财务数据等来源于国泰安研究服务中心（CSMAR 研究数据库）。首先，本书一共收集了 2015～2019 年上海地区 371 家上市公司的初始样本；其次，通过对这 371 家公司每年所形成的连锁董事关系矩阵得到企业间关系矩阵，将矩阵数据导入社会网络分析软件 Ucinet 6.0 中，绘制每一年的连锁董事网络图，剔除每一年网络图中孤立企业样本，但为了避免破坏连锁董事网络的整体性，其中先包含一些金融和保险行业的企业，得到每一年连锁董事网络中企业样本，即 2015 年由 157 家企业形成的连锁董事整体网络，2016 年由 180 家其他形成的连锁董事整体网络，2017 年由 205 家企业形成的连锁董事整体网络，2018 年由 197 家企业形成的连锁董事整体网络，2019 年由 198 家企业形成的连锁董事整体网络，一共得到 937 个企业年样本；最后，考虑到金融保险业的特殊性，再剔除每一年连锁董事网络中金融保险行业的公司样本（包括 600000 浦发银行、601328 交通银行、601229 上海银行、601788 光大证券、601601 中国太保、600837 海通证券、600958 东方证券），最终得到 880 个有效的观察年样本。

4.1.2　数据收集方法与步骤

本书的研究数据是基于处于连锁董事网络中的企业的董事信息、网络特征指标、创新战略和经营绩效来进行收集和分析，而连锁董事网络构建和相关指标的获取是一个十分复杂的过程，在整个数据的收集、整理和分析阶段运用了 Excel、Ucinet、SPSS 和 Stata 等多种软件，并包括了一系列复杂的收集和整理步骤和方法，具体的数据收集方法在以下几个方面进行阐述。

（1）确定初始样本的选取范围

根据连锁董事网络的地域趋同性和数据的可获得性，本书最初确定为 2015～2019 年上海地区 A 股上市公司为初始样本。为了尽可能避免信息披露不真实对研究结果的影响，本书依照以下标准对上海地区的原始样本进行筛选：①选取 2015～2019 年正常经营的上市公司；②不包括 B 股或 H 股的上市公司的样本；③避免极端值对统计结果的干扰，将经营绩效较差的 ST 和 PT 公司样本排除在外；④剔除公司的董事会的个人资料或信息不全的公司样本；⑤剔除财务数据不全的公司样本。经过以上筛选，最终得到五年内正常经营的上海地区上市公司样本总共 371 家。值得说明的是，为避免破坏连锁董事网络的完整性，371 家上市公司中包括了金融保险业的相关公司样本。

（2）构建连锁董事关系矩阵

在国泰安数据库中获得上市公司高管信息，其中包含了董事、监事和高级管理人员，通过筛选获得董事会成员名单。由于连锁董事的名单不能够直接获得，需要通过连锁董事的兼任信息，来找出该企业董事会成员在其他家企业兼任董事的情况，因此，本书对 2015～2019 年存续期间 371 个上市公司近 15000 个董事成员任职情况进行逐年分析，形成董事个人与个人的关系矩阵，并记录每个董事成员所在公司的证券代码和所兼任董事职务的公司的证券代码；为了避免姓名相同的而属于不同公司而导致董事兼任信息的错误，本书根据董事个人简历信息对其中姓名相同的董事进行核对和确认，以保证董事个人的关系矩阵正确无误；然后根据上述获得的董事会成员个人的关系矩阵及其各自对应的公司证券代码，构建企业与企业间的关系矩阵，最终形成拥有连锁董事关系的企业与企业的关系矩阵。如图 4.1 所示，企业间连锁董事关系矩阵是一个对称矩阵，A1、A2、A3 等代表中不同的公司，企业间关系矩阵图中的数据代表着两个企业拥有连锁董事的数量，若为 0，则表示两个企业间没有形成连锁董事关系；若为 1，则表示两个企业间有一个连锁董事联结关系，例如 A2 与 A3 的交叉数据是 2，则表示企业 A2 与 A3 形成了联结关系，拥有 2 个连锁董事，以此类推。

	A1	A2	A3	A4	A5	…	…	…	An
A1		1	0	0	1	0	0	0	0
A2	1		2	0	3	1			0
A3	0	2		1	0				0
A4	0	0	1						0
A5	1	3	0	0					0
…									
…									
…									
An	0	0	0		0				

图 4.1　拥有连锁董事关系的企业间关系矩阵

（3）形成连锁董事网络图

根据第二步的企业间关系矩阵，将矩阵数据导入到社会网络分析软件 Ucinet 6.0 中，绘制连锁董事网络图，由于每年连锁董事网络中会因连锁董事兼任董事职位的变动，而造成先前的企业退出企业间连锁董事网络或新的企业进入该网络的情况，因而可能出现连锁关系的断裂或重建，因此，本书基于年度初始公司样本，用社会网络分析软件，分析不同年份中所形成的连锁董事网络，剔除没有形成连锁董事网络而孤立与连锁董事网络的公司样本，得到每年企业间形成的连锁董事网络。根据连锁董事网络图，连锁董事网络嵌入性指标均通过社会网络分析软件 Ucinet 6.0 来计算。需要说明的是，在后续的分析中，考虑到我国金融保险行业的特点和公司经营的特殊性，本书将其予以剔除，最终得到 880 个公司年样本。后续的研究数据也都是基于 880 个具有连锁董事网络公司年样本进行收集和整理的。

（4）收集并整理董事会异质性和创新、绩效等数据

本书采用的董事会原始数据和公司财务数据等主要来源于国泰安研究服务中心（CSMAR 研究数据库）。由于国泰安数据库中董事的教育水平数据不全，职业背景也无法获得，因此，本书对董事会异质性相关数据通过"新浪财经"和"巨潮资讯"等网站披露的公司年报中"董事、监事、高级管理人员情况"中个人简历信息手工收集整理而得到，为了确保数据的准确性和一致性，将公司年报的董事的相关信息和 CSMAR 研究数据库已有的数据进行核对。企业的创新战略的相关数据主要包括了企业 R&D 支出和技术研发人员数量两个指标，但是由于我国并不强制上市公司披露研发费用的数据，因此，该数据主要是通过公司年报的财务报表的附注中所披露"管理费用""支付与经营活动相关的现金流量""研发支出"等会计科目中来手工整理所得，将"开发支出""技术研发费""研究发展费""新产品开发经费"等披露的数据都记为公司的研发费用。最后，其他的财务数据等来源于 CSMAR 研究数据库。

（5）对数据进行统计分析

针对以上最终所整理的连锁董事网络、董事会异质性、创新战略和企业绩效等相关数据，主要利用统计软件 SPSS 22.0 和 Stata 16.0 进行数据的处理分析，并以此来检验假设的有效性和模型的合理性。

4.2 变量操作性定义及测量

4.2.1 自变量及其测量

（1）董事认知异质性

董事会异质性是指董事会成员的种族、年龄、性别、职业背景、教育程度和认知及价值观等方面的差异性，一般可以将其分为人口统计特征层面可观察的异质性和认知层面不可观察的异质性（Anderson & Reeb，2011；Kang，Cheng & Gray，2007）。同时，学者们指出相对于种族、性别等可观察的人口统计特征而言，董事会成员的职业背景、年龄异质性、教育背景等异质性对董事会认知水平的影响更大，尤其是在制定企业的创新决策方案上更为明显（Tuggle et al.，2010；Anderson et al.，2011）。因此，本书结合已有研究成果，主要从董事会年龄、成员职业背景和教育程度层面的差异性来反映董事会认知异质性。

①董事会成员年龄异质性。董事会年龄异质性由董事会每个成员在任期间的年龄之间的差异性来测量（Tuggle et al.，2010）。由于所获得的董事会成员年龄是连续数据，因此，董事会成员年龄异质性用标准离差来测量，即标准差除以均值。

②董事会成员职业背景异质性。关于董事会成员职业背景的不同类型，分为技术类、营销类、管理类、金融财务类和其他类这五种类型，并分别用1、2、3、4、5来进行编码，具体的分类情况如表4.1所示。在对董事会成员职业背景进行分类和编码时，如果出现了有的董事会成员同时有两种或两种以上的职业背景的情况时，本书将根据该董事会成员在不同职业背景时期的任职期限长短来确定该董事会成员职业背景类型，即该董事会成员在某类职业背景时任期期限最长，则选择此最长任期内的职业背景。由于董事成员的职业背景数据是类别数据，因此国内外学者普遍采取赫芬达尔—赫希曼（Herfindal-Hirschman）系数来测量董事会职业背景的异质性，其计算公式是：

$$H = 1 - \sum_{i=1}^{n} p_i^2 \tag{4.1}$$

其中，p_i是第i种职业背景董事在董事会中所占比例，n为种类数量，H值界于0~1之间，其值越大，说明董事会成员职业背景异质性程度越高。

表4.1   **董事会成员职业背景异质性分类**

类型	赋值	包含的具体职业情况
技术类	1	包括生产制造和研发等职业背景
营销类	2	包括市场营销、国际贸易等相关职业背景
管理类	3	包括行政管理、人力资源管理等职业背景
金融财务类	4	包括金融和会计等职业背景
其他类	5	包括政府官员、高校教师、律师等其他职业背景

③董事会成员教育程度异质性。借鉴周建等（2012）的研究，把董事会成员的教育程度分为高中及以下、专科、本科、硕士、博士总共五种类型，分别赋值为1、2、3、4、5。由于整个董事会教育水平的平均值可以较好地反映董事会教育程度高低，但董事会成员的教育程度属于类别变量，因此本书也采取赫芬达尔—赫希曼系数来测量董事会成员教育程度的异质性。

根据上述对董事会认知异质性可操作性定义，本书通过对公司年报中董事会个人简历的阅读和编码整理，得到有效数据，具体的描述性统计分析如表4.2所示。从表中可以看出，在年龄异质性方面，标准差为2.225，可见不同企业间年龄异质性的差别较大；教育程度的平均值是0.587，标准差为0.120，说明各企业的董事会整体教育有一些差异。董事会成员职业背景异质性的最小值为0.000，最大值是0.700，标准差为0.125，说明不同企业的董事会职业背景异质性也不太相同。

表4.2   **董事会成员认知异质性描述性统计分析**

测量指标	样本量	最小值	最大值	平均值	标准差
年龄异质性	880	2.260	15.960	8.206	2.225
教育程度异质性	652	0.000	0.780	0.587	0.120
职业背景异质性	877	0.000	0.700	0.532	0.125

（2）连锁董事网络结构特征

连锁董事网络作为结构嵌入变量，主要考察连锁董事的三个结构特征，即网络规模、网络中心度、结构洞。

①连锁董事网络中心性。中心性指标根据计算方法不同，包括度中心性（degree centrality）、接近中心性（closeness centrality）和中介中心性（betweennes centrality）。其中，网络的度中心性代表着企业在连锁董事网络中的占据中心位置，意味着企业在网络中具有更大的权力，企业具有控制优势；网络的接近中心性更多强调的是目标企业与网络中其他企业之间的距离，反映企业获取信息的速度。国内外学者普遍认为这两个指标能够更好地反映网络的中心性①。本书借鉴魏乐等（2013）对网络中心性的测量方法，也主要采取网络的度中心性这个重要中心性指标。度数中心性的测量方法如下所示。

$$C_D(n_i) = d(n_i) = \sum X_{ji}$$

$$C_D = \frac{\sum_{i=1}^{g} [C_D(n^*) - C_D(n_i)]}{\max \sum_{i=1}^{g} [C_D(n^*) - C_D(n_i)]} \tag{4.2}$$

其中，X_{ji} 代表企业 j 是否和企业 i 有连锁关系，g 是网络中的总企业数，$C_D(n_i)$ 是 $C_D(n)$ 中最大的程度中心性。

②连锁董事网络规模。通常对连锁董事规模的测量方法主要有两种：一是计算由目标企业因连锁董事关系与网络中其他企业建立的联结关系数量的总和，也就是该企业与其他企业之间的联结总个数，这是从企业间关系角度度量每个企业的连锁董事网络规模的方法；二是计算目标企业的董事会中所有的连锁董事在网络中担任董事职务的其他企业数量的总和，即所有连锁董事在网络中兼任董事职位的总数，这是从连锁董事个人兼任的角度对企业的网络规模进行衡量的方法（卢昌崇、陈仕华，2006）。由于目标企业的多个连锁董事在同一家企业任职的情况十分普遍，如果采用所有连锁董事在网络中企业兼任董事职务的数量来测量企业的连锁董事网络规模，会出现扩大了企业的网络规模的问题，因此，本书采用第一种测量方法来衡量每个企业的连锁董事网络规模的大小。

③结构洞。结构洞指标要考虑四个方面：有效规模（effective size）、效

---

① Lin, Z. J., Peng, M. W., Yang, H., et al.. How do networks and learning drive M&As? An institutional comparison between China and the United States [J]. Strategic Management Journal, 2009, 30 (10): 1113 – 1132.

率（efficiency）、限制度（constraint）和等级度（hierarchy）。国内外学者 Burt（1992）和刘军（2009）都强调其中限制度指标最重要，它是指企业在网络中拥有的运用结构洞的能力，因此，本书选择限制度为结构洞测量指标，根据伯特对结构洞的观点，刘军（2009）给出了限制度可操作性定义①，即行动者 i 受到 j 的限制度指标测量方法如式（4.3）所示。

$$C_{ij} = \left(p_{ij} + \sum_q p_{iq} p_{qj} \right)^2 \tag{4.3}$$

可表述为 C_{ij} = 直接投入（p_{ij}）+ 间接投入（$\sum_q p_{iq} p_{qj}$），其中，p_{iq} 是在行动者 i 的全部关系中，投入 q 的关系占总关系的比例。

根据网络结构特征指标，本书通过将企业间关系矩阵数据导入社会网络分析软件 Ucinet 6.0 中，绘制连锁董事网络图，然后在所形成的网络图的基础上，利用社会网络分析软件 Ucinet 6.0 进行统计分析，得到了上述指标的数据，具体的描述性统计分析如表 4.3 所示。从下面的描述性统计中可以看出，网络中心性最小值接近 0.000，最大值是 8.374，网络中心性的标准差为 1.122，可见各企业在连锁董事网络中所处的中心位置具有一定的差异性，而企业的差异性并不过于明显，其标准差为 0.296，说明企业运用结构洞的能力比较相似；在企业的连锁董事网络规模方面，企业与其他企业建立连锁关系的数量中最少是只有 1 个联结关系企业，而最多有 17 个联结关系，一般情况是建立 3~4 个联结关系，而企业间连锁董事网络规模差异性相对较大。

表 4.3　　　　　　　　　连锁董事网络描述性统计分析

测量指标	样本量	最小值	最大值	平均值	标准差
网络中心性	880	0.000	8.374	1.489	1.122
网络规模	880	1.000	17.000	3.665	2.617
结构洞	880	-0.125	1.000	0.431	0.296

4.2.2　中介变量及其测量

由于在研究中创新战略的相关数据的可获得性很小，所以根据 Olson 等

① 刘军. 整体网分析讲义——UCINET 软件实用指南［M］. 上海：上海人民出版社，2009.

（2006）的研究方法，将创新投入（主要表现为企业 R&D 强度和技术研发人员比例）作为代理变量来对企业的创新战略进行测量。同样地，国内学者周建等（2012）对创新战略的测量也选用企业 R&D 强度指标来对其进行度量。因此，根据国内外学者对创新战略测量方法，本书主要是用 R&D 强度和技术研发人员比例两个指标来测量。其中，研发强度是由 R&D 除以总资产来得到，技术研发人员比例是用企业中技术研发人员数量除以总员工数量来测量。

由于研究数据库所披露的与研发相关数据有大量缺失，因此本书还需通过对上市公司披露的公司年报进行手工收集和整理，从而得到了企业总研发费用和技术研发人员数量，具体的数据情况如下描述性统计所示。从表 4.4 中可以得出，研发强度的标准差为 0.172，可见企业间研发强度的差异性不太大，而企业的技术研发人员所占总员工人数的比例，最少仅占到总员工数量的 0.2%，而最大比例可占到 65.6%，由此可见在对技术人员的投入方面，企业表现出的差异性较大。

表 4.4   **创新战略的描述性统计分析**

测量指标	样本量	最小值	最大值	平均值	标准差
研发强度	647	0.000	0.945	0.184	0.172
技术研发人员比例	677	0.002	6.560	0.085	0.548

4.2.3 因变量及其测量

目前学术界对企业绩效具体内容和测量的方面有着不同看法，总的来说，它包括盈利能力、偿债能力和发展能力等诸多方面的测量指标。目前国内较为常用的是财务绩效和市场绩效来反映企业绩效。财务绩效代表着企业的盈利能力、资产运营水平和偿债能力等，一般衡量的指标包括总资产收益率（*ROA*）、净资产收益率（*ROE*）、每股收益（*EPS*）等；市场绩效则主要是用股票的市场价格来反映市场对于公司经营的预期情况，通常包括托宾 Q 值、市净率等指标。但国内学者也指出由于可能存在股票市场违规的操作等相关人为情况，导致股票市场价格并不能有效地反映公司价值（徐莉萍等，2006），因此，本书采取财务绩效中的总资产收益率（*ROA*）和净资产收益率（*ROE*）指标来反映企业绩效。

从表 4.5 中可以看出，总资产收益率和净资产收益的最小值分别是 -0.700 和 -5.000，其中净资产收益的标准差为 0.217，可见企业盈利能力存在一些差异。

表 4.5		企业绩效的描述性统计分析			
测量指标	样本量	最小值	最大值	平均值	标准差
总资产收益率	880	-0.700	0.340	0.040	0.053
净资产收益率	880	-5.000	0.500	0.061	0.217

4.2.4　控制变量及其测量

本书在讨论董事会认知异质性和连锁董事网络对公司绩效的影响作用时，考虑到很可能受到了其他一些因素的影响作用，因此，本书将主要考虑以下变量作为控制变量，以更好地反映董事会介入企业创新战略及其公司绩效之间的相互关系。

（1）董事会层面的控制变量

董事会规模，根据上市公司披露的高管信息中，将董事长、独立董事、执行董事、董事会秘书等公司章程规定的董事会人员统计加总，以此董事会人员总数来反映董事会规模；独立董事比例，以上市公司年报披露的独立董事人数与董事会规模的比值来衡量；股权集中程度，根据上市公司披露的前十大股东的持股比例来测量。

（2）公司层面控制变量

企业规模，在企业规模指标的选取上，大量的研究都采用对总资产、总销售额以及员工人数取对数的方法。借鉴学者们的研究以总资产的自然对数作为衡量企业规模的指标（Samhharya，1995，Hitt，Hoskisson & Kim，1997；Comes & Ramaswamy，1999；Hyland & Diltz，2002）。因此，本书采取企业总资产的自然对数作为衡量企业规模的标准；同时，还采取了资产负债率、财务杠杆、无形资产自然对数作为企业层面的控制变量，其中资产负债率、财务杠杆是可体现企业的经营状况，无形资产自然对数则是作为企业创新投入的控制变量。

根据所选取的不同层面的控制变量，本书对这些控制变量进行描述性统计分析，以反映各变量的数据特征情况。从表 4.6 可以看出，董事会规模和独立董事比例方面,差异性相对较小;而股权集中程度的最小值为14.740。最大值为93.980,其标准差为15.920,可见不同企业的股权集中的差异性较大,企业规模和无形资产的差异性较大,而资产负债率的差异性相对较小。

表 4.6　　　　　　　　　　企业绩效的描述性统计分析

指标测量	样本量	最小值	最大值	平均值	标准差
董事会规模	880	1.792	3.219	2.390	0.243
独立董事比例	880	0.000	0.600	0.314	0.078
股权集中程度	880	14.740	93.980	54.745	15.920
企业规模	880	19.130	27.780	22.482	1.556
资产负债率	880	0.000	0.900	0.367	0.198
财务杠杆	826	−25.000	21.000	1.129	1.301
无形资产	861	9.000	23.000	17.776	2.217

综合上述各变量可操作性定义和测量指标的选取,本书将相关变量的具体描述总结在表4.7中。

表 4.7　　　　　　　　　　变量名称及测量标准

类型	变量名称	符号	测量
自变量	董事会认知异质性		
	董事会年龄异质性	*AgeHe*	董事会年龄的标准离差
	董事会教育程度异质性	*EduHe*	董事教育程度 Herfindal-Hirschman 系数
	董事会职业背景异质性	*FunHe*	董事职业背景 Herfindal-Hirschman 系数
	连锁董事网络		
	网络中心性	*Degree*	企业的所有连锁关联度数
	结构洞	*StrHole*	限制度
	网络规模	*Netsize*	连锁董事形成的公司间关联节点数量
中介变量	创新战略	*Innovation*	
	研发强度	*RD*	研发费用/总资产
	技术研发人员比例	*TechR*	技术研发人数/企业员工总数
因变量	总资产收益率	*ROA*	净利润/总资产
	净资产收益率	*ROE*	净利润/股东权益

续表

类型	变量名称	符号	测量
	董事会规模	*Bsize*	董事会总人数的自然对数
	独立董事比例	*IDR*	董事会中独立董事人数/董事总人数
	股权集中程度	*Conc*	前十大股东持股比例之和
控制变量	企业规模	*Fsize*	企业总资产的自然对数
	资产负债率	*ALR*	负债合计/资产总计
	无形资产	*WZ*	企业无形资产的自然对数
	财务杠杆	*DFL*	(净利润 + 所得税费用 + 财务费用)/(净利润 + 所得税费用)

4.3　本章小结

　　基于理论研究模型，本书对所涉及的每个关键变量进行详尽地分析和系统的思考，给出可操作性定义，并最终确定每个变量的测量指标，为数据的搜集和处理指明方向。具体地，在数据收集方面，本书主要所采取的数据主要来源了国泰安数据库和"中国证券网""新浪财经""巨潮资讯"等网站披露的公司年报，而绝大部分研究数据是通过手工的搜集和编码而得到的，为了确保数据真实性和准确性，将每一个手工整理的数据和公司年报披露的相关信息进行一一核对，在保证本研究的数据具有可获得性、可用性的基础上，采用了社会网络分析软件 Ucinet、Excel 和 Stata 软件对原始数据进行了有效的处理和分析，这样将更加有利于进行后续的实证研究。

第5章 实证分析与假设检验

5.1 描述性统计分析

5.1.1 连锁董事网络描述性分析

（1）连锁董事网络图示

本书根据 2015～2019 年上海地区 A 股的上市公司因连锁董事关系形成企业间的关系矩阵数据，运用社会网络分析软件 Ucinet 6.0 对每一年的企业间连锁董事关系矩阵进行分析，可以得到 2015 年、2016 年、2017 年、2018 年和 2019 年五个年度的上海地区上市公司连锁董事网络的整体图，其中 2017～2019 年上海地区全部样本连锁董事整体图如图 5.1～图 5.3 所示。根据全部样本的整体图可以看出，连锁董事的现象在上海地区的企业中十分普遍，有绝大多数的企业通过连锁董事关系形成了企业间网络，而极少数的企业由于没有连锁董事，而孤立在连锁董事网络外。针对这一情况，本书剔除每年的连锁董事网络的整体图中孤立与该年度连锁董事网络的企业样本，共得到 2015 年由 157 家企业形成的连锁董事网络，2016 年由 180 家其他形成的连锁董事网络，2017 年由 205 家企业形成的连锁董事网络（见图 5.4），2018 年由 197 家企业形成的连锁董事网络（见图 5.5），2019 年由 198 家企业形成的连锁董事网络（见图 5.6），一共得到 937 个企业年样本。

以 2019 年由 198 家企业形成的连锁董事网络为例，中心性越大的企业在网络中占据了核心位置，拥有较多的连锁董事，也与更多的企业形成了联结关系，从而在企业间网络中具有较强的影响力并拥有更多的信息和资源。同时，为了避免破坏连锁董事网络的整体性，一些金融和保险行业的企业也包含其中，而金融保险类企业在网络中占据着重要的位置，如证券代码为 600837 的海通证券，占据了企业间连锁董事网络的核心位置。

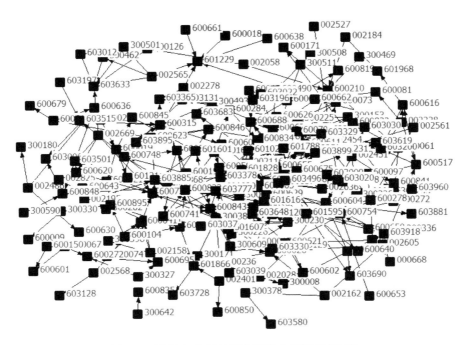

图 5.1 2017 年上海地区全部样本连锁董事整体

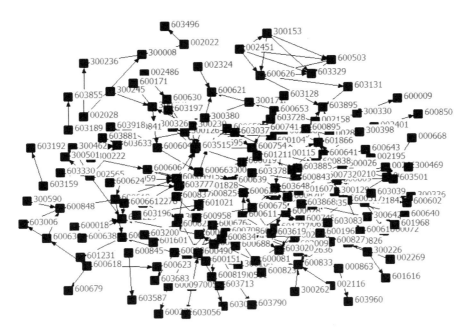

图 5.2 2018 年上海地区全部样本连锁董事整体

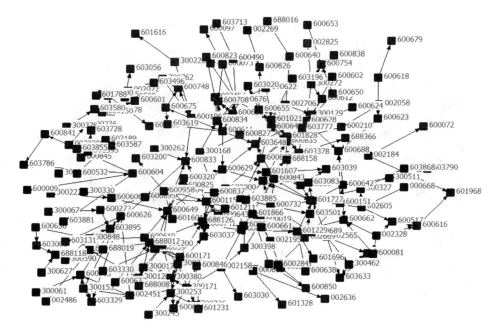

图 5.3　2019 年上海地区全部样本连锁董事整体

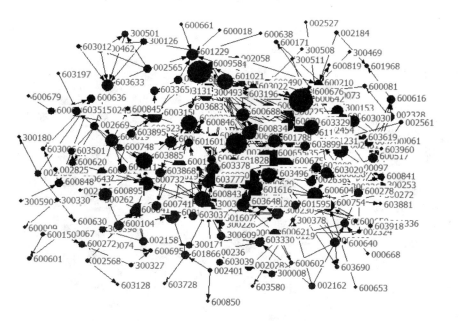

图 5.4　2017 年 205 家上海地区连锁董事网络（度中心性）

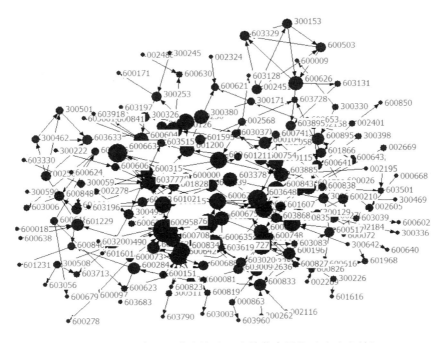

图 5.5　2018 年 197 家上海地区连锁董事网络（度中心性）

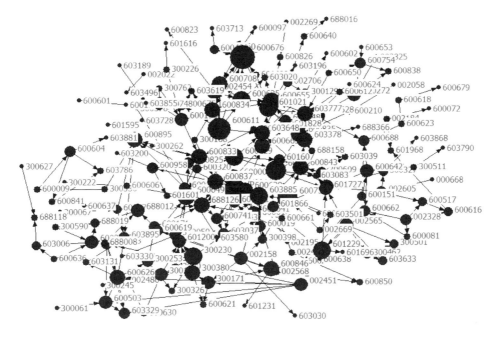

图 5.6　2019 年 198 家上海地区连锁董事网络（度中心性）

（2）年度样本情况描述

本书基于上海地区 A 股上市公司所形成连锁董事网络作为研究的基础样本，但由于每一年上海地区所形成的连锁董事网络的企业中，会经常出现由于个别企业的董事退出其他企业董事会导致旧有的联结关系断裂和有的企业通过新任命连锁董事而加入连锁董事网络而形成新的联结关系的建立的现象，因此，本书最终所采取样本数据是非平衡的面板数据。从图 5.7 年度样本分布情况来看，在 2015 年度，拥有联结关系企业占当年度上海地区上市公司样本总数的比例达到 76.96%，在 2016 年度和 2017 年度，上海地区的连锁董事占当年度企业总数比例高达 78% 以上，虽然在 2018～2019 年度连锁董事占比有所下降，但是依然稳定在 70% 左右。由此可见，连锁董事数量每年逐步增多且占比较为稳定，这意味着因连锁董事关系形成的企业间网络是当前较为普遍的一种组织网络形式。

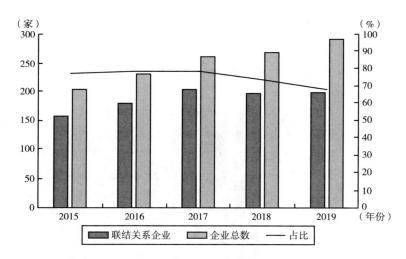

图 5.7　2015～2019 年度初始样本分布情况

值得注意的是，本书考虑到金融保险业的特殊性，为了保证后续统计分析结果的有效性，从 2015～2019 年上海地区的连锁董事网络的 937 个企业年样本中，剔除 14 个金融保险业的公司样本，分别为 600000 浦发银行、601788 光大证券、601601 中国太保、600837 海通证券、600643 爱建集团、600958 东方证券、601328 交通银行等，最终得到 880 个有效的观察年样本。后续其他变量的数据收集、整理与分析都是在连锁董事网络中的这 880 个有效的观察年样本为基准。

5.1.2 总样本及变量描述性统计分析

（1）连锁董事关系而形成企业的联结组统计描述

一个行业内的几家公司共同拥有一个或多个董事时，可以通过共谋方式以抑制同行业其他公司的竞争的现象较为普遍。由此，企业通过连锁董事的形式来建立与其他企业之间的联结关系。从表5.1中可以看出，拥有连锁董事的企业大多数与1~3个其他企业建立联结关系，累计比率达到了56.02%，在企业总样本中占了半数之多，其次是与4个其他企业形成联结组，占总样本的13.86%，拥有5~6个联结关系的企业累计比率达到了87.05%；而拥有7个联结关系的企业累计比率已高达91.48%；同时拥有8个以上联结组的企业较少，累计比例不足10%。由此可见，绝大多数企业在连锁董事网络中与其他企业建立联结关系数目一般集中在1~4个，而在网络中只有个别企业与较多的企业形成联结关系，进而在网络中权力或影响力较大，占据重要的位置。

表 5.1　　　　　因连锁董事关系建立的企业联结组统计描述

联结组	企业个数（家）	占总样本比率（%）	累计比率（%）
1	201	22.84	28.84
2	163	18.52	41.36
3	129	14.66	56.02
4	122	13.86	69.88
5	86	9.77	79.65
6	65	7.40	87.05
7	39	4.43	91.48
8	24	2.73	94.21
9	22	2.5	96.71
10	12	1.36	98.07
11	5	0.57	98.64
12	2	0.23	98.87
13	4	0.45	99.32
14	3	0.34	99.66
15	0	0	99.66
16	2	0.23	99.89
17	1	0.11	100

（2）企业样本的行业分布特征

本书采用中国证监会的行业分类标准，对研究样本所属的行业情况进行描述性统计分析。以 2015～2019 年的上海地区上市公司的行业分布进行描述（如表 5.2 所示），一共分类为十个行业，分别为制造业、信息技术业、批发零售业、交通运输与仓储业、房地产业、建筑业、社会服务业、传播文化产业、其他综合类和电力、煤气、水。根据样本行业分布情况表可以看出，制造业占各年度样本中绝大部分比重，占总样本的比例达到了 48.30%，基本上占总样本的一半；位于第二的是信息技术业的企业样本，这种行业企业数量在总样本中比例是 12.84%，累计占比高达 61.14%；位于第三的是房地产业的企业样本，累计占比达到了 70.57%；交通运输仓储与批发零售业的企业样本数量相当，大概占到总样本的 7.5%～7.84%；而建筑业、传播文化产业和电力、煤气、水行业的企业样本最少，在总样本中所占比重仅在 1%～3%。因此，制造业、信息技术业、批发零售业等行业对企业创新能力的要求更高，企业可能会投入更多的资金或人力在企业创新方面，因此，这些类型行业的企业在总样本中所占的比例较高，有利于后续的实证分析。

表 5.2　　　　　　　　　　上海地区最终样本的行业分布情况

行业分类	个数（个）	占总样本比例（%）	累计占比（%）
制造业	425	48.30	48.30
信息技术业	113	12.84	61.14
房地产业	83	9.43	70.57
交通运输与仓储业	69	7.84	78.41
批发零售业	66	7.50	85.91
建筑业	32	3.64	89.55
社会服务业	19	2.16	91.71
电力、煤气、水	13	1.48	93.19
传播文化产业	9	1.02	94.21
其他综合类	51	5.79	100
合计	880	100	100

（3）所有变量的描述性统计分析

本书对所有研究变量进行描述性统计分析，从表 5.3 的统计结果来看，董事会年龄异质性的最小值为 2. 260，最大值为 15. 960，标准差为 2. 225，这说明不同企业的董事会成员的年龄异质性相对较大，而在董事会的教育程度和职业背景异质性（标准差分别为 0. 120 和 0. 125）的差别并不大；不同企业的网络度数中心性还是有一定的差异，说明不同的企业在网络中所占据位置的重要性不同，企业在网络规模上差异最大，其标准差是 2. 617，这意味着有的企业在连锁董事网络只与 1 家企业建立联结关系，而有的企业却与 17家企业建立联结关系，而企业运用结构洞的能力差异性并不明显，不同企业的差异也较小；企业创新投入方面其平均值为零，标准差为 0. 172，说明没有存在着较大差异，而不同企业对研发人员的投入的力度具有一定的差异性。同时，不同企业的总资产收益率、资产负债率、董事会规模、独立董事比例方面没有太大区别，而在企业规模、无形资产和股权集中程度方面都存在着明显的不同。

表 5. 3　　　　　　　　　　　　样本描述性统计分析

变量	样本量	最小值	最大值	平均值	标准差
AgeHe	880	2. 260	15. 960	8. 206	2. 225
EduHe	652	0. 000	0. 780	0. 587	0. 120
FunHe	877	0. 000	0. 700	0. 532	0. 125
Degree	880	0. 000	8. 374	1. 489	1. 122
Netsize	880	1. 000	17. 000	3. 665	2. 617
StrHole	880	− 0. 125	1. 000	0. 431	0. 296
RD	647	0. 000	0. 945	0. 184	0. 172
TechR	677	0. 002	6. 560	0. 085	0. 548
ROA	880	− 0. 700	0. 340	0. 040	0. 053
ROE	880	− 5. 000	0. 500	0. 061	0. 217
Bsize	880	1. 792	3. 219	2. 390	0. 243
IDR	880	0. 000	0. 600	0. 314	0. 078
Conc	880	14. 740	93. 980	54. 745	15. 920
Fsize	880	19. 130	27. 780	22. 482	1. 556
ALR	880	0. 000	0. 900	0. 367	0. 198
DFL	826	− 25. 000	21. 000	1. 129	1. 301
WZ	861	9. 000	23. 000	17. 776	2. 217

5.2 相关性检验

本书运用 SPSS 统计分析软件采样 Pearson 相关分析方法，对各主要变量间的相关关系进行了分析。由于研究变量较多，因此，本书根据董事会介入企业创新战略和进行的两条路径，即认知嵌入和网络嵌入，分别来对相关变量进行相关性检验，为研究假设检验提供一定的参考。

5.2.1 董事会认知异质性、创新战略与企业绩效的相关性检验

表 5.4 为董事会认知异质性、创新战略与企业绩效的相关性检验，报告了各主要变量间的相关系数，从相关性分析的结果可以发现：董事会的年龄异质性与企业创新战略（RD）呈现正相关（$r = 0.131$，$p < 0.05$），初步验证了 H1a 假设，董事会的年龄异质性与企业绩效的相关系数分别是 0.033 和 0.015 且不显著，H4a 假设还需进一步验证，同时董事会的年龄异质性与企业规模呈现负相关关系（$r = -0.129$，$p < 0.05$）；董事会的教育程度异质性与企业创新战略和企业绩效的相关系数均为负但不显著，后续还需回归分析中加以检验假设 H1b 和假设 H4b，董事会的教育程度异质性与企业规模呈现出显著的负相关关系（$r = -0.135$，$p < 0.05$），同时董事会的教育程度异质性与资产负债率也呈现出显著的负相关关系（$r = -0.130$，$p < 0.05$）；董事会职业背景异质性与创新战略（RD）之间具有显著正向的相关关系（$r = 0.234$，$p < 0.05$），从而初步支持了 H1c 假设，董事会职业背景异质性与企业绩效（ROA）之间具有显著正向的相关关系（$r = 0.077$，$p < 0.1$），假设 H4c 也得到了初步验证，同时董事会职业背景异质性与独立董事比例也具有正向的相关关系（$r = 0.093$，$p < 0.05$），而董事会职业背景异质性与企业规模、资产负债率和无形资产这些控制变量之间相关系数都显著为负，具有负相关关系。同时，企业创新战略（RD）与企业绩效（ROA）都具有显著的正相关关系（$r = 0.128$，$p < 0.05$），为假设 H3 提供了初步的证据。此外，自变量间的相关系数小于 0.3，这说明自变量之间出现多重共线性的情况并不严重，因此，在后续的实证研究中能够采取多元回归分析的方法来对所有的研究假设进行检验。

表 5. 4　　董事会认知异质性、创新战略与企业绩效的相关性检验

	AgeHe	EduHe	FunHe	RD	TechR	ROA	ROE	Bsize	IDR	Conc	Fsize	ALR	DFL	WZ
AgeHe	1													
EduHe	0.178**	1												
FunHe	0.101**	0.137**	1											
RD	0.131**	-0.075	0.234**	1										
TechR	-0.024	-0.043	0.006	-0.066	1									
ROA	0.033	-0.013	0.077*	0.128**	-0.032	1								
ROE	0.015	-0.028	0.017	0.021	0.020	0.672**	1							
Bsize	-0.063	-0.012	0.031	-0.239**	0.159**	-0.170**	-0.084*	1						
IDR	0.092**	0.030	0.093**	0.067	-0.006	0.103**	0.084*	-0.231**	1					
Conc	0.052	0.045	0.010	-0.252**	0.093**	0.183**	0.134**	0.062	0.052	1				
Fsize	-0.129**	-0.135**	-0.155**	-0.294**	0.216**	-0.116**	0.041	0.283**	-0.075*	0.295**	1			
ALR	-0.079*	-0.130**	-0.151**	-0.254**	0.157**	-0.379**	-0.139**	0.195**	-0.054	-0.179**	0.613**	1		
DFL	-0.048	-0.026	-0.025	-0.199**	0.032	-0.120**	-0.105**	0.056	-0.026	-0.030	0.097**	0.199**	1	
WZ	-0.071*	0.015	-0.167**	-0.364**	0.052	-0.063	0.019	0.201**	-0.066	0.156**	0.573**	0.262**	0.029	1

注：*，**分别表示 t 检验的显著性水平达到 5% 和 1% 的统计。

5.2.2 连锁董事网络、创新战略与企业绩效的相关性检验

从表 5.5 连锁董事网络、创新战略与企业绩效的相关性检验的结果来看，连锁董事网络的中心性与结构洞呈现显著正向相关关系（$r = 0.758$，$p < 0.05$），同时网络中心性与网络规模的相关系数也比较大，呈现为显著的正相关关系（$r = 0.980$，$p < 0.05$），网络中结构洞与网络规模具有正向的相关关系（$r = 0.784$，$p < 0.05$）。具体来看，连锁董事网络的中心性与企业创新战略（RD）之间呈现显著正向相关关系（$r = 0.199$，$p < 0.05$），初步支持了假设 H2a；而网络中心性与企业绩效的回归系数为正但不显著，假设 H5a 有待进一步验证；同时网络中心性与董事会规模和独立董事比例都有显著的正相关关系（$r = 0.176$，$p < 0.05$；$r = 0.081$，$p < 0.1$），网络中心性与企业规模和资产负债率也具有显著的正相关关系（$r = 0.275$，$p < 0.05$；$r = 0.191$，$p < 0.05$）。连锁董事网络规模与企业创新战略（RD）之间呈现显著正向相关关系（$r = 0.209$，$p < 0.05$），初步支持了假设 H2b；连锁董事网络规模与企业绩效相关系数为正但不显著，假设 H5b 没有得到有效支持；网络规模与董事会规模和企业规模都显著正向相关（$r = 0.162$，$p < 0.05$；$r = 0.294$，$p < 0.05$），此外网络规模与独立董事比例、资产负债率和无形资产都呈现出显著正相关关系。连锁董事网络中的结构洞与企业创新战略（RD 和 $TechR$）之间呈现显著正向相关关系（$r = 0.219$，$p < 0.05$；$r = 0.096$，$p < 0.1$），从而支持了假设 H2c；而结构洞与企业绩效之间的相关系数都不显著，假设 H5c 没有得到支持；但结构洞与董事会规模和独立董事比例都有显著的正相关关系（$r = 0.174$，$p < 0.05$；$r = 0.080$，$p < 0.1$），同时结构洞与企业规模、资产负债率和无形资产都具有显著的正相关关系。根据以上的相关性检验结果，自变量间的相关系数大于 0.3，这说明存在多重共线性问题，因此可以选用逐步回归分析的方法，来对研究假设进行检验。

表 5.5　　连锁董事网络、创新战略与企业绩效的相关性检验

	Degree	Netsize	StrHole	RD	TechR	ROA	ROE	Bsize	IDR	Conc	Fsize	ALR	DFL	WZ
Degree	1													
Netsize	0.980**	1												
StrHole	0.758**	0.784**	1											
RD	0.199**	0.209**	0.219**	1										
TechR	0.029	0.047	0.096*	-0.066	1									
ROA	0.008	0.002	-0.012	0.128**	-0.032	1								
ROE	0.053	0.060	0.051	0.021	0.020	0.672**	1							
Bsize	0.176**	0.162**	0.174**	-0.239**	0.159**	-0.170**	-0.084*	1						
IDR	0.081*	0.082*	0.080*	0.067	-0.006	0.103*	0.084*	-0.231**	1					
Conc	-0.005	0.003	0.024	-0.252**	0.093*	0.183**	0.134**	0.062	0.052	1				
Fsize	0.275**	0.294**	0.302**	-0.294**	0.216**	-0.116**	0.041	0.283**	-0.075*	0.295**	1			
ALR	0.191**	0.195**	0.195**	-0.254**	0.157**	-0.379**	-0.139**	0.195**	-0.054	0.179**	0.613**	1		
DFL	0.002	0.003	0.040	-0.199**	0.032	-0.120**	-0.105**	0.056	-0.026	-0.030	0.097**	0.199**	1	
WZ	0.144**	0.154**	0.185**	-0.364**	0.052	-0.063	0.019	0.201**	-0.066	0.156**	0.573**	0.262**	0.029	1

注：*、** 分别表示 t 检验的显著水平达到 5% 和 1% 的统计。

5.3　回归分析及假设检验

根据现有文献研究成果中学者们的观点，即由于董事成员的认知基础会受到他们的年龄、受教育程度和职业经验背景的影响，因此，本书采用这三个代理变量来测量董事会认知异质性。同时，本书采用的数据是针对五年内所形成的连锁董事网络中的企业进行分析，并基于这些企业来选取的董事会特征变量和企业创新战略测量变量等相关指标。连锁董事网络特征指标则是通过运用社会网络分析软件 Ucinet 6.0 来找出连锁董事整体网络，然后计算每个年度每个企业在连锁董事网络中的网络中心性、结构洞和网络规模的指标数值。在实证分析中，本书考虑到所选取的数据是非平衡的面板数据，董事会认知异质性、连锁董事网络对企业创新战略和绩效的影响很可能受到不同年份的影响，选取了年份这个虚拟变量作为控制变量，运用 Stata 16.0 统计分析软件，采用最小二乘法（OLS）来估计回归模型。

5.3.1　董事会认知异质性对创新战略的影响检验

为了更好地检验董事会认知异质性对创新战略的影响作用，本书对董事会认知异质性与企业创新战略进行了回归分析（如表 5.6 所示），需说明的是，模型 1 和模型 2 是只考虑控制变量的回归模型，而模型 3 至模型 8 是在控制变量回归模型的基础上分别依次加入董事会年龄异质性、董事教育程度异质性和董事会职业背景异质性，来考察这三个变量各自对创新战略的直接效应作用，最后模型 9 和模型 10 则是综合考察董事会认知异质性的所有指标共同对企业创新战略的影响。

从表 5.6 中可以看出，模型 1~模型 8 的 F 统计量全部在 1% 水平上显著，说明各模型中的所有变量对创新战略有着整体影响。具体来看，模型 1 和模型 2 中的控制变量基本上都是回归系数显著的，说明这些变量起到了较好的控制效果。从模型 3 和模型 4 的回归结果可以看出董事会年龄异质性对企业创新战略有着显著的正向影响，其回归系数分别是 0.001（$p < 0.1$）和 0.006（$p < 0.05$）；从模型 5 和模型 6 中的回归结果可以得知董事会教育程度的异质性对企业创新战略有着显著的负向影响，其回归系数分别是 -0.032（$p < 0.01$）

表5.6 董事会认知异质性与创新战略的回归分析

	Model 1	Model 2	Model 3	Model 4	Model 5	Model 6	Model 7	Model 8	Model 9	Model 10
	RD	TechR	RD	TechR	RD	TechR	RD	TechR	RD	TechR
Bsize	-0.008*	-0.114***	-0.007*	-0.116***	-0.009*	-0.128***	-0.009**	-0.135***	-0.010**	-0.148***
	(-1.84)	(-4.24)	(-1.89)	(-4.33)	(-1.91)	(-4.13)	(-2.21)	(-5.08)	(-2.21)	(-4.82)
IDR	-0.003	0.096	-0.005	0.080	-0.013	0.028	-0.008	0.058	-0.017	-0.008
	(-0.25)	(1.14)	(-0.40)	(0.95)	(-0.94)	(0.30)	(-0.58)	(0.70)	(-1.21)	(-0.09)
Conc	0.000*	-0.002***	0.000*	-0.002***	0.000	-0.003***	0.000	-0.002***	-0.000	-0.003***
	(1.81)	(-6.07)	(1.66)	(-6.24)	(0.00)	(-7.72)	(1.57)	(-6.36)	(-0.14)	(-7.95)
Fsize	-0.003***	0.017**	-0.003***	0.018**	-0.004***	0.017**	-0.003***	0.019**	-0.004***	0.020**
	(-3.16)	(2.41)	(-3.04)	(2.57)	(-3.22)	(2.09)	(-3.14)	(2.64)	(-3.01)	(2.42)
ALR	-0.007	-0.094**	-0.008	-0.097**	-0.008	-0.079*	-0.005	-0.095**	-0.006	-0.0818*
	(-1.21)	(-2.30)	(-1.27)	(-2.40)	(-1.17)	(-1.69)	(-0.88)	(-2.37)	(-0.90)	(-1.78)
DFL	-0.001**	-0.019***	-0.001**	-0.019***	-0.001**	-0.021***	-0.002**	-0.010*	-0.002**	-0.012**
	(-2.27)	(-4.71)	(-2.21)	(-4.65)	(-2.11)	(-4.88)	(-2.37)	(-1.72)	(-2.22)	(-2.04)
WZ	-0.002***	-0.032***	-0.002***	-0.032***	-0.002**	-0.034***	-0.002**	-0.028***	-0.002*	-0.031***
	(-2.86)	(-6.68)	(-2.77)	(-6.61)	(-2.44)	(-6.30)	(-2.14)	(-5.96)	(-1.94)	(-5.84)
Year	Control	Control	Control	Control	Control	Control	Control	Control	Control	Control
AgeHe			0.001*	0.006**					0.001**	0.005*
			(1.92)	(2.37)					(1.97)	(1.76)
EduHe					-0.032***	-0.210***			-0.037***	-0.239***
					(-3.19)	(-3.11)			(-3.72)	(-3.58)
FunHe							0.035***	0.265***	0.041***	0.284***
							(4.58)	(5.04)	(4.36)	(4.51)
_Cons	0.151***	0.822***	0.142***	0.754***	0.197***	1.114***	0.125***	0.623***	0.159***	0.864***
	(8.69)	(6.78)	(7.99)	(6.07)	(8.89)	(7.32)	(6.96)	(5.01)	(6.83)	(5.47)
R^2	0.166	0.262	0.171	0.269	0.178	0.310	0.192	0.275	0.213	0.323
F	17.74	30.23	16.05	27.36	13.27	26.77	18.52	28.12	13.19	22.52

注：*、**、***分别表示t检验的显著水平达到10%、5%和1%的统计。

和 -0.210（$p < 0.01$）；从模型 7 和模型 8 中的回归结果可以得知董事会的职业背景异质性对企业创新战略有着显著的正向影响，其回归系数分别是 0.035（$p < 0.01$）和 0.265（$p < 0.01$）。在模型 9 和模型 10 中，同时对董事会年龄异质性、董事教育程度异质性和董事会职业背景异质性这三个变量对企业创新战略进行多元回归分析，F 统计量分别为 13.19 和 22.52，在 5% 的水平上显著，说明同时考察三个变量能够增强模型的解释效果，也表明董事会认知异质性与控制变量共同显著影响企业的创新战略。从回归结果来看，董事会年龄异质性显著正向影响企业的创新战略，其回归系数分别为 0.001（$p < 0.05$）和 0.005（$p < 0.1$），进一步地支持了假设 H1a；董事会教育程度的异质性对企业创新战略有着负向的显著影响作用，其回归系数分别为 -0.037（$p < 0.01$）和 -0.239（$p < 0.01$），这表明董事会成员的教育程度差异越大将越不利于企业的创新战略决策，从而支持了假设 H1b；董事会职业背景异质性对企业创新战略的回归系数分别为 0.041（$p < 0.01$）和 0.284（$p < 0.01$），呈显著正相关关系，这说明董事会在职业经验上的差异性更有利于企业创新战略的选择，从而支持了假设 H1c。

5.3.2　连锁董事网络对创新战略的影响检验

连锁董事网络对创新战略的影响主要体现在连锁董事网络结构特征方面，主要包括网络中心性、结构洞和网络规模。因此，在对连锁董事网络对企业创新战略的影响实证分析中，本书在控制变量模型 1 和模型 2 中，引入网络中心性、结构洞和网络规模这三个结构特征，构建了模型 2 和模型 4 来综合分析连锁董事网络与创新战略的关系。

根据表 5.7 连锁董事网络与创新战略的回归分析中可以看出，所有模型的 F 统计量都在 1% 的水平上显著，说明所有自变量对因变量整体解释度较高，同时计算模型 3 和模型 4 的方差膨胀因子 VIF 值分别为 1.23 和 1.37 都远小于 10，这表示回归模型中并不存在多重共线性，能够采取多元回归的分析方法。根据回归结果可以得出，连锁董事网络的中心性与企业创新战略显著正相关，其回归系数分别为 0.010（$p < 0.1$）和 0.069（$p < 0.1$），从而支持的假设 H2a；而连锁董事网络规模与企业创新战略的回归系数分别为 -0.004（$p < 0.1$）和 -0.037（$p < 0.05$），说明网络规模与创新战略显著负相关，该结果与研究假设 H2b 不一致；企业在连锁董事网络中占据结构洞的位置对企业创新战略的影响并不显著，设 H2c 则没有得到支持。

表 5.7 连锁董事网络与创新战略的回归分析

	Model 1	Model 2	Model 3	Model 4
	RD	*TechR*	*RD*	*TechR*
Bsize	−0.007 * (−1.84)	−0.114 *** (−4.24)	−0.005 (−1.37)	−0.098 *** (−3.61)
IDR	−0.003 (−0.25)	0.096 (1.14)	−0.004 (−0.34)	0.113 (1.32)
Conc	0.0001 * (1.81)	−0.002 *** (−6.07)	0.0001 ** (2.55)	−0.003 *** (−6.40)
Fsize	−0.003 *** (−3.16)	0.017 ** (2.41)	−0.004 *** (−3.74)	0.017 ** (2.39)
ALR	−0.007 (−1.21)	−0.094 ** (−2.30)	−0.004 (−0.69)	−0.094 ** (−2.32)
DFL	−0.001 ** (−2.27)	−0.019 *** (−4.71)	−0.002 ** (−2.04)	−0.010 * (−1.67)
WZ	−0.002 *** (−2.86)	−0.032 *** (−6.68)	−0.002 *** (−2.68)	−0.030 *** (−6.30)
Year	Control	Control	Control	Control
Degree			0.010 * (1.87)	0.069 * (1.74)
Netsize			−0.004 * (−1.86)	−0.037 ** (−2.08)
StrHole			0.004 (0.70)	−0.020 (−0.50)
_Cons	0.151 *** (8.69)	0.822 *** (6.78)	0.168 *** (9.09)	0.843 *** (6.58)
R^2	0.166	0.262	0.190	0.270
F	17.74	30.23	11.95	17.89

注：* 、** 、*** 分别表示 t 检验的显著水平达到 10%、5% 和 1% 的统计。

5.3.3 创新战略对企业绩效的影响检验

在竞争日益激烈的行业环境下，企业之所以采取创新战略主要是为了在获可持续的竞争优势，从而促进企业的生存和发展，最终提高企业经营效益。因此，本书通过构建模型来对创新战略对企业绩效进行了回归分析，从而进一步地检验这一命题的正确性和有效性。在表5.8中，模型1和模型2是考察在这些控制变量下企业创新战略中的研发费用投入强度对企业绩效（ROA 和 ROE）影响的回归模型；模型3和模型4是考察在控制变量下企业创新战略中的研发人员投入强度对企业绩效（ROA 和 ROE）影响的回归模型；模型5和模型6则是整体考察企业创新战略对企业绩效的影响作用。

表5.8　　　　　　　　企业创新战略对企业绩效影响的回归分析

	Model 1	Model 2	Model 3	Model 4	Model 5	Model 6
	ROA	ROE	ROA	ROE	ROA	ROE
Bsize	-0.014**	-0.020**	-0.012*	-0.019*	-0.013*	-0.020*
	(-2.13)	(-1.97)	(-1.81)	(-1.77)	(-1.90)	(-1.86)
IDR	0.068***	0.099***	0.065***	0.098***	0.067***	0.101***
	(3.29)	(3.06)	(3.02)	(2.92)	(3.15)	(3.05)
Conc	0.0007***	0.001***	0.001***	0.001***	0.002***	0.001***
	(7.64)	(7.72)	(8.50)	(8.35)	(7.72)	(7.55)
Fsize	0.003*	0.005*	0.003	0.004	0.004*	0.006*
	(1.84)	(1.69)	(1.47)	(1.45)	(1.93)	(1.95)
ALR	-0.095***	0.003	-0.096***	0.002	-0.096***	0.002
	(-9.58)	(0.20)	(-9.28)	(0.14)	(-9.34)	(0.14)
DFL	0.0003	-0.002	0.0007	-0.002	0.001	-0.002
	(0.26)	(-1.54)	(0.72)	(-1.01)	(0.67)	(-1.09)
WZ	-0.001	-0.001	-0.001	-0.001	-0.0005	-0.001
	(-0.48)	(-0.51)	(-0.41)	(-0.62)	(-0.46)	(-0.67)
Year	Control	Control	Control	Control	Control	Control
RD	0.314***	0.473***			0.230***	0.384***
	(4.70)	(4.51)			(2.81)	(2.99)
TechR			0.040***	0.051***	0.021*	0.020
			(3.88)	(3.16)	(1.74)	(1.04)

续表

	Model 1	Model 2	Model 3	Model 4	Model 5	Model 6
	ROA	*ROE*	*ROA*	*ROE*	*ROA*	*ROE*
_Cons	−0.007 (−0.22)	−0.053 (−1.10)	−0.007 (−0.21)	−0.050 (−0.99)	−0.024 (−0.74)	−0.078 (−1.55)
R^2	0.273	0.157	0.261	0.147	0.271	0.159
F	29.36	14.51	26.33	12.78	24.55	12.50

注：*、**、*** 分别表示 t 检验的显著水平达到 10%、5% 和 1% 的统计。

  根据企业创新战略与企业绩效的回归模型结果可以看出，模型 1 和模型 2 的 F 统计量分别为 29.36 和 14.51，都在 1% 水平上显著，同时回归结果表明企业创新战略中研发费用投入强度对企业绩效（*ROA* 和 *ROE*）有着正向的影响，其回归系数分别为 0.314 和 0.473 并且都在 1% 的水平上呈显著正相关；模型 2 和模型 3 的 F 统计量分别为 26.33 和 12.78，都在 1% 水平上显著，R^2 的值分别为 0.261 和 0.147，说明模型的拟合度较好，同时回归结果表明企业创新战略中研发人员投入强度对企业绩效（*ROA* 和 *ROE*）也都有着正向的影响，其回归系数分别为 0.040 和 0.051 并且都在 1% 的水平上呈显著正相关，从而支持了假设 H3。在模型 5 和模型 6 中可以看出研发费用投入强度对企业绩效（*ROA* 和 *ROE*）有着显著正向的影响，其回归系数分别为 0.230（$p < 0.01$）和 0.384（$p < 0.01$），研发人员投入强度对企业绩效（*ROA*）有着显著正向的影响，其回归系数为 0.021（$p < 0.1$），从而再次验证了假设 H3，这表明企业采取创新战略有助于企业的经营绩效的提高。

5.3.4 董事会认知异质性对企业绩效的影响检验

  在考察董事会认知异质性对企业绩效的影响作用时，由于本书中对企业绩效采取了两个财务指标，即总资产收益率（*ROA*）和净资产收益率（*ROE*），因此，在回归分析中，分别以 *ROA* 和 *ROE* 为因变量进行多元回归分析。在表 5.9 中，模型 1 和模型 2 是只考虑控制变量的回归模型；模型 3 ~ 模型 8 是分别考察董事会年龄异质性、教育程度异质性和职业背景异质性对企业绩效的直接效应回归模型；模型 9 和模型 10 是董事会认知异质性三个指标对企业绩效整体影响的回归模型。

表5.9 董事会认知异质性与企业绩效的回归分析

	Model 1	Model 2	Model 3	Model 4	Model 5	Model 6	Model 7	Model 8	Model 9	Model 10
	ROA	ROE	ROA	ROE	ROA	ROE	ROA	ROE	ROA	ROE
Bsize	-0.016***	-0.025***	-0.016***	-0.025***	-0.012*	-0.018	-0.015**	-0.021**	-0.010	-0.013
	(-2.86)	(-2.80)	(-2.86)	(-2.79)	(-1.80)	(-1.61)	(-2.58)	(-2.40)	(-1.47)	(-1.17)
IDR	0.050***	0.077***	0.051***	0.080***	0.062***	0.096***	0.050***	0.077***	0.063***	0.010***
	(2.80)	(2.69)	(2.85)	(2.78)	(2.85)	(2.83)	(2.81)	(2.76)	(2.91)	(2.96)
Conc	0.0007***	0.001***	0.0007***	0.001***	0.0007***	0.001***	0.001***	0.001***	0.001***	0.001***
	(8.63)	(8.70)	(8.65)	(8.77)	(7.36)	(7.08)	(8.40)	(8.47)	(7.34)	(7.08)
Fsize	0.002	0.002	0.002	0.002	-0.001	-0.001	0.002	0.002	-0.001	-0.002
	(1.35)	(1.20)	(1.28)	(1.08)	(-0.36)	(-0.54)	(1.23)	(1.02)	(-0.49)	(-0.75)
ALR	-0.102***	-0.007	-0.102***	-0.007	-0.105***	-0.011	-0.098***	0.002	-0.099***	-0.0003
	(-12.02)	(-0.50)	(-12.01)	(-0.49)	(-9.72)	(-0.66)	(-11.43)	(0.15)	(-9.15)	(-0.02)
DFL	-0.0002	-0.003**	-0.0002	-0.003**	-0.0001	-0.003*	-0.003**	-0.001***	-0.004**	-0.010***
	(-0.19)	(-2.21)	(-0.21)	(-2.24)	(-0.05)	(-1.65)	(-2.35)	(-4.63)	(-2.36)	(-4.14)
WZ	-0.0002	0.0001	-0.0002	0.0001	0.0002	0.0005	-0.0001	0.0001	0.0002	0.0006
	(-0.28)	(0.05)	(-0.28)	(0.05)	(0.17)	(0.39)	(-0.19)	(0.13)	(0.26)	(0.47)
Year	Control	Control	Control	Control	Control	Control	Control	Control	Control	Control
AgeHe			-0.0004	-0.001					-0.001	-0.001
			(-0.63)	(-1.14)					(-0.93)	(-1.15)
EduHe					-0.050***	-0.084***			-0.053***	-0.088***
					(-3.43)	(-3.66)			(-3.58)	(-3.82)
FunHe							0.011	0.016	0.026*	0.037*
							(0.99)	(0.92)	(1.82)	(1.65)
_Cons	0.040	0.008	0.044*	0.020	0.101***	0.111***	0.035	0.003	0.092***	0.104*
	(1.62)	(0.20)	(1.72)	(0.49)	(3.05)	(2.14)	(1.37)	(0.07)	(2.63)	(1.90)
R^2	0.260	0.124	0.261	0.125	0.263	0.117	0.269	0.141	0.279	0.143
F	40.18	16.11	35.18	14.26	26.40	9.770	36.60	16.39	22.72	9.811

注：*、**、***分别表示t检验的显著水平达到10%、5%和1%的统计。

从表 5.9 的回归模型中可以看出,所有模型的 **F** 统计量全部在 1% 水平上显著,说明各模型中的所有变量对企业绩效有着显著的整体影响。具体来看,模型 1 和模型 2 中的控制变量基本上都是回归系数显著的,说明这些变量起到了较好的控制效果;在模型 3 和模型 4 中董事会年龄异质性对企业绩效(*ROA* 和 *ROE*)的回归系数分别为 -0.0004 和 -0.001,且都不显著,这与假设 H4a 不一致,没有得到支持;在模型 5 和模型 6 中董事会教育程度的异质性与企业绩效(*ROA* 和 *ROE*)的回归系数都为负,分别为 -0.050($p < 0.01$)和 -0.084($p < 0.01$),可见,董事会教育程度的异质性显著负向影响企业绩效,因而假设 H4b 得到支持;在模型 7 和模型 8 中,董事会职业背景异质性与企业绩效(*ROA* 和 *ROE*)的回归系数为正,分别为 0.011 和 0.016,但是不显著。在综合考察董事会认知异质性对企业绩效的回归模型 9 和模型 10 中,董事会年龄异质性与企业绩效的回归系数均为 -0.001,仍然不显著,再次拒绝假设 H4a;董事会教育程度的异质性对企业绩效(*ROA* 和 *ROE*)回归系数分别为 -0.053 和 -0.088,且都在 1% 水平上显著,表明董事会教育程度异质性对企业绩效产生负向作用,假设 H4b 再次得到支持;董事会职业背景异质性与企业绩效(*ROA* 和 *ROE*)回归系数分别为 0.026($p < 0.1$)和 0.037($p < 0.1$),表明职业背景异质性对企业绩效产生了正向作用,因此,假设 H4c 成立。除此以外,还有一些变量对企业绩效有着直接的影响作用,其中财务杠杆显著负向影响企业绩效(*ROA*),其回归系数为 -0.004($p < 0.05$)和 -0.010($p < 0.01$);独立董事比例都与企业绩效(*ROA* 和 *ROE*)存在正向相关关系,其回归系数为 0.063($p < 0.01$)和 0.010($p < 0.01$);股权集中程度和与企业绩效(*ROA* 和 *ROE*)也存在着正向相关关系,其回归系数为 0.001($p < 0.01$),意味着股权集中程度越高,企业绩效越高。

5.3.5 连锁董事网络对企业绩效影响检验

根据资源依赖理论,企业通过连锁董事网络来获取有用的信息和资源,来增强企业绩效,因此,在连锁董事网络对企业绩效的影响实证分析中,本书在控制变量模型 1 和模型 2 中,分别加入网络中心性、网络规模和结构洞,构建了模型 3 ~ 模型 8,最后,同时引入这三个结构特征,来综合考察连锁董事网络对企业绩效的影响作用而构建了多元回归模型 9 和模型 10(见表 5.10)。

表 5.10

连锁董事网络与企业绩效的回归分析

	Model 1	Model 2	Model 3	Model 4	Model 5	Model 6	Model 7	Model 8	Model 9	Model 10
	ROA	ROE	ROA	ROE	ROA	ROE	ROA	ROE	ROA	ROE
Bsize	-0.016*** (-2.86)	-0.025*** (-2.80)	-0.018*** (-3.12)	-0.028*** (-3.14)	-0.017*** (-3.02)	-0.027*** (-3.03)	-0.017*** (-2.98)	-0.027*** (-2.99)	-0.010* (-1.89)	-0.015* (-1.73)
IDR	0.050*** (2.80)	0.077*** (2.69)	0.039** (2.13)	0.057* (1.96)	0.040** (2.19)	0.059** (2.02)	0.041** (2.27)	0.061** (2.11)	0.018 (1.05)	0.026 (0.96)
Conc	0.0007*** (8.63)	0.001*** (8.70)	0.0007*** (8.45)	0.001*** (8.63)	0.0007*** (8.38)	0.0011*** (8.57)	0.0007*** (8.32)	0.0011*** (8.50)	0.0006*** (7.52)	0.001*** (7.71)
Fsize	0.002 (1.35)	0.002 (1.20)	0.001 (1.11)	0.002 (0.87)	0.001 (1.12)	0.0018 (0.86)	0.0015 (1.18)	0.002 (0.91)	0.0002 (0.13)	-0.0005 (-0.24)
ALR	-0.102*** (-12.02)	-0.007 (-0.50)	-0.102*** (-11.93)	-0.006 (-0.43)	-0.102*** (-11.87)	-0.005 (-0.38)	-0.101*** (-11.85)	-0.005 (-0.37)	-0.097*** (-12.34)	0.002 (0.18)
DFL	-0.0002 (-0.19)	-0.003** (-2.21)	-0.000 (-0.03)	-0.003* (-1.99)	-0.000 (-0.05)	-0.003** (-2.01)	-0.0001 (-0.12)	-0.003** (-2.10)	-0.003*** (-2.65)	-0.010*** (-4.88)
WZ	-0.0002 (-0.28)	0.0001 (0.05)	-0.0002 (-0.24)	0.0001 (0.12)	-0.0002 (-0.24)	0.0001 (0.13)	-0.0002 (-0.30)	0.0001 (0.06)	0.0008 (1.18)	0.003 (1.54)
Year	Control	Control	Control	Control	Control	Control	Control	Control	Control	Control
Degree			0.003** (2.47)	0.006*** (2.99)					0.012** (2.36)	0.019** (2.24)
Netsize					0.001** (2.05)	0.002*** (2.62)			-0.005** (-2.25)	-0.008** (-2.12)
StrHole							0.008* (1.82)	0.018** (2.41)	0.010 (1.45)	0.018* (1.75)
_Cons	0.040 (1.62)	0.008 (0.20)	0.046* (1.82)	0.021 (0.53)	0.044* (1.75)	0.019 (0.47)	0.043* (1.70)	0.018 (0.44)	0.081*** (3.44)	0.079** (2.11)
R^2	0.260	0.124	0.259	0.125	0.257	0.122	0.256	0.121	0.371	0.254
F	40.18	16.11	34.62	14.11	34.31	13.82	34.15	13.67	41.71	24.14

注：*、**、***分别表示t检验的显著水平达到10%、5%和1%的统计。

根据表 5.10 的回归结果，所有模型的 F 统计量全部在 1% 水平上显著，说明各模型中的所有变量对企业绩效有着显著的整体影响；模型 3 和模型 4 是将连锁董事网络中心性对企业绩效的进行回归分析，结果显示连锁董事网络的中心性与企业绩效（ROA 和 ROE）的回归系数分别为 0.003 和 0.006，在 5% 和 1% 的显著性水平下显著正相关，假设 H5a 得到了支持；在模型 5 和模型 6 中连锁董事网络规模对企业绩效的回归分析结果表明，网络规模对企业绩效（ROA 和 ROE）有着正向影响，且回归系数分别为 0.001（$p < 0.01$）和 0.002（$p < 0.01$），均呈显著正相关关系，并且模型的 F 统计量显著，分别为 34.31（$p < 0.01$）和 13.82（$p < 0.01$），假设 H5b 成立；在模型 7 和模型 8 中连锁董事网络的结构洞对企业绩效的回归结果表明，结构洞对企业绩效（ROA 和 ROE）有着显著的正向影响作用，其回归系数分别为 0.008（$p < 0.1$）和 0.018（$p < 0.05$），同时 F 统计量分别为 34.15 和 13.67，均在 1% 的显著性水平下显著，从而假设 H5c 得到了支持。

当同时考虑在连锁董事网络的三个结构特征对企业绩效的回归模型 9 和模型 10 中，连锁董事网络的中心性和企业绩效（ROA 和 ROE）依然存在显著的正向影响，其回归系数分别为 0.012（$p < 0.05$）和 0.019（$p < 0.05$），同样地，网络规模对企业绩效（ROA 和 ROE）的回归系数分别为 -0.005（$p < 0.05$）和 -0.008（$p < 0.05$），说明它们之间存在着显著负向的影响作用，这与模型 5 和模型 6 的回归结果不一致；结构洞对企业绩效（ROE）的回归系数为 0.018（$p < 0.1$），说明结构洞对企业绩效仍然有着显著的正向影响作用。因此，通过以上分析，假设 H5a 得到了较好的支持，假设 H5b 的验证结果不一致，假设 H5c 也得到了支持。

5.3.6　创新战略的中介作用检验

本书所采取的实证检验方法主要参考国外学者巴龙和肯尼（Baron & Kenny，1986）和国内学者温忠麟等（2004）、侯杰泰等（2005）、罗胜强（2010）对中介效应的检验方法，即果自变量 X 对因变量 Y 的影响作用，会通过第三个变量 M 间接地对 Y 产生影响时，此时 M 称为中介变量，如图 5.8 所示。

因此，在对中介效应进行检验时，需要对进行四个步骤：第一，因变量对自变量进行回归分析，如回归系数不显著，说明不存在中介效应，则停止检验，若回归系数 a 显著则进行下一步检验；第二，中介变量对自变量进行回

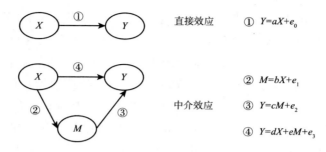

图 5.8 中介效应模型

资料来源：温忠麟等（2004）、罗胜强（2010）。

归分析，若其回归系数 *b* 显著，则说明 *X* 可以预测 *M*，但中介效应需进一步检验，若 *b* 不显著，则需结合下一步进行 Sobel 检验；第三，控制了自变量的影响后，因变量对中介变量对进行回归分析，其回归系数 *c* 显著；第四，在同时加入自变量和中介变量后，中介变量的回归系数 *e* 显著，当自变量的回归系数 *d* 显著，则存在部分中介作用，但当自变量的回归系数 *d* 不显著，则中介变量起到完全中介作用，但如果 *b* 和 *e* 中有一个不显著则进行 Sobel 检验，Sobel 统计量显著则说明存在中介效应，Sobel 统计量计算公式如下：

$$S_{be} = \hat{b}\hat{e} \Big/ \sqrt{\hat{b}^2 S_e^2 + \hat{e}^2 S_b^2} \qquad (5.1)$$

其中，S_b 和 S_e 分别是回归系数 *b* 和 *e* 的标准差。

（1）创新战略在董事会认知异质性与企业绩效间的中介作用

根据本书所提出的研究假设，董事会认知异质性会通过影响企业的创新战略这一中介变量来间接地影响企业绩效，因此需要对创新战略的中介作用进行相应的实证分析。根据以上的检验方法，本书构建进行中介模型的回归分析，模型 1 和模型 2 是企业绩效中的 *ROA* 和 *ROE* 分别对控制变量的回归模型，模型 3 和模型 4 是考察在控制变量下企业绩效对董事会认知异质性的直接效应的回归模型，模型 5 ~ 模型 8 是在控制变量下企业绩效对创新战略的回归模型，最后，模型 9 ~ 模型 12 是在控制变量下同时加入董事会认知异质性和创新战略，考察它们对企业绩效影响的回归模型（见表 5.11）。

根据中介效应模型的回归结果可以发现，在模型 3 和模型 4，即董事会认知异质性对企业绩效的直接效应的回归结果中，董事会年龄异质性对企业绩效（*ROA* 和 *ROE*）的回归系数都不显著，说明董事会年龄异质性与企业绩效之间没有显著影响，则中介效应检验停止，假设 H6a 没有得到支持；而董

表 5.11 创新战略对董事会认知异质性与企业绩效的中介作用

	Model 1	Model 2	Model 3	Model 4	Model 5	Model 6	Model 7	Model 8	Model 9	Model 10	Model 11	Model 12
	ROA	ROE	ROA	ROE	ROA	ROE	ROA	ROE	ROA	ROE	ROA	ROE
Bsize	-0.016*** (-2.86)	-0.025*** (-2.80)	-0.010 (-1.47)	-0.013 (-1.17)	-0.014** (-2.13)	-0.020** (-1.97)	-0.012* (-1.81)	-0.019* (-1.77)	-0.007 (-0.88)	-0.005 (-0.43)	-0.004 (-0.50)	-0.002 (-0.12)
IDR	0.050*** (2.80)	0.077*** (2.69)	0.063*** (2.91)	0.100*** (2.96)	0.068*** (3.29)	0.099*** (3.06)	0.065*** (3.02)	0.099*** (2.92)	0.075*** (3.10)	0.114*** (3.12)	0.073*** (2.98)	0.112*** (3.02)
Conc	0.0007*** (8.63)	0.001*** (8.70)	0.0007*** (7.34)	0.001*** (7.08)	0.0007*** (7.64)	0.001*** (7.72)	0.0009*** (8.50)	0.001*** (8.35)	0.0008*** (6.77)	0.001*** (6.49)	0.0009*** (7.10)	0.001*** (6.74)
Fsize	0.002 (1.35)	0.002 (1.20)	-0.0008 (-0.49)	-0.002 (-0.75)	0.003* (1.84)	0.005* (1.69)	0.003 (1.47)	0.004 (1.45)	0.001 (0.68)	0.001 (0.32)	0.001 (0.47)	0.001 (0.32)
ALR	-0.102*** (-12.02)	-0.007 (-0.50)	-0.099*** (-9.15)	-0.0003 (-0.02)	-0.095*** (-9.58)	0.003 (0.20)	-0.096*** (-9.28)	0.002 (0.14)	-0.099*** (-8.22)	-0.003 (-0.16)	-0.099*** (-8.07)	-0.004 (-0.21)
DFL	-0.0002 (-0.19)	-0.003** (-2.21)	-0.004** (-2.36)	-0.010*** (-4.14)	0.0003 (0.26)	-0.002 (-1.54)	0.0008 (0.72)	-0.002 (-1.01)	-0.003* (-1.88)	-0.009*** (-3.51)	-0.003* (-1.70)	-0.008*** (-3.25)
WZ	-0.0002 (-0.28)	0.0001 (0.05)	0.0002 (0.26)	0.0006 (0.47)	-0.0006 (-0.48)	-0.0009 (-0.51)	-0.0005 (-0.41)	-0.001 (-0.62)	-0.0009 (-0.63)	-0.001 (-0.69)	-0.0008 (-0.56)	-0.002 (-0.80)
Year	Control	Control	Control	Control	Control	Control	Control	Control	Control	Control	Control	Control
AgeHe			-0.0006 (-0.93)	-0.0012 (-1.15)					-0.0008 (-1.04)	-0.002 (-1.31)	-0.0007 (-0.97)	-0.001 (-1.25)
EduHe			-0.053*** (-3.58)	-0.088*** (-3.82)					-0.043** (-2.48)	-0.074*** (-2.76)	-0.045** (-2.48)	-0.078*** (-2.85)
FunHe			0.026* (1.82)	0.037* (1.65)					0.017 (1.00)	0.027 (1.08)	0.014 (0.82)	0.023 (0.90)
RD					0.314*** (4.70)	0.473*** (4.51)			0.244*** (3.08)	0.349*** (2.90)		
TechR							0.040*** (3.88)	0.051*** (3.16)			0.036*** (2.94)	0.047** (2.51)
_Cons	0.040 (1.62)	0.008 (0.20)	0.092*** (2.63)	0.104* (1.90)	-0.007 (-0.22)	-0.053 (-1.10)	-0.007 (-0.21)	-0.050 (-0.99)	0.046 (1.09)	0.047 (0.73)	0.043 (1.00)	0.042 (0.63)
R^2	0.260	0.124	0.279	0.143	0.273	0.157	0.261	0.147	0.285	0.164	0.280	0.160
F	40.18	16.11	22.72	9.811	29.36	14.51	26.33	12.78	17.63	8.637	16.61	8.143

注：*、**、***分别表示 t 检验的显著水平达到 10%、5% 和 1% 的统计。

事会教育程度异质性对企业绩效的影响有着显著负向影响，其回归系数分别为 -0.053（$p<0.01$）和 -0.088（$p<0.01$）；同时董事会职业背景异质性对企业绩效产生正向影响作用，其回归系数分别为 0.026（$p<0.1$）和 0.037（$p<0.1$）。在模型 5～模型 8，即创新战略对企业绩效的回归结果都显示创新战略对企业绩效（ROA 和 ROE）也具有正向影响作用，而且都在 1% 的水平上显著。同时，在表 5.6 中，已经检验了董事会认知异质性对企业创新战略的影响作用，回归结果表明董事会职业背景异质性和年龄异质性都显著正向影响企业的创新战略，董事会教育程度异质性显著负向影响企业的创新战略。

最后，根据模型 9 和模型 10，即企业绩效对董事会认知异质性和创新战略中研发费用投入强度的回归结果，创新战略（RD）对企业绩效（ROA 和 ROE）仍然具有显著正相关关系，其回归系数分别为 0.244（$p<0.01$）和 0.349（$p<0.01$）；而董事会教育程度异质性对 ROA 的回归系数由 -0.053（$p<0.01$）变为 -0.043（$p<0.05$）且仍然显著负相关，董事会教育程度异质性对 ROE 的回归系数由 -0.088（$p<0.01$）变为 -0.074（$p<0.01$）且仍然显著负相关，可以看出教育程度异质性对企业绩效的负向影响程度都降低了，因此可以得出创新战略对董事会教育程度异质性与企业绩效的部分中介作用得到支持，假设 H6b 成立；董事会职业背景异质性对 ROA 的回归系数也由 0.026 减少到 0.017，董事会职业背景异质性对 ROE 的回归系数也由 0.037 减少到 0.027，而且都从之前的显著变得不显著，这说明创新战略对董事会职业背景异质性与企业绩效起着完全中介作用，即假设 H6c 成立。在模型 11 和模型 12 即企业绩效对董事会认知异质性和创新战略中研发人员投入强度的回归结果中，创新战略（TechR）对企业绩效（ROA 和 ROE）仍然具有显著正相关关系，其回归系数分别为 0.036（$p<0.01$）和 0.047（$p<0.05$）；董事会教育程度异质性对企业绩效（ROA 和 ROE）的回归系数由 -0.053 和 -0.088 变为 -0.045 和 -0.078 且仍显著，再次支持了假设 H6b；董事会职业背景异质性对企业绩效（ROA 和 ROE）的回归系数由 0.026 和 0.037 变为 0.014 和 0.023 且变得不显著，再次支持了假设 H6c。因此，创新战略在董事会教育程度异质性和董事会职业背景异质性对企业绩效的影响过程中起到了中介作用。

（2）创新战略对连锁董事网络与企业绩效间的中介作用

由于连锁董事关系形成的企业间网络，可以通过为企业创新战略提供有价值的信息和稀缺的资源，进而提高企业绩效，因此，创新战略在连锁董事网络和企业绩效之间起着中介作用。本书根据上文对中介效应的分析方法，构建了中介效应检验模型，其中模型 1 和模型 2 是只有控制变量的模型，模型 3 ~ 模型 8 是考察连锁董事网络结构特征对企业绩效的直接效应模型，模型 9 ~ 模型 12 是同时引入网络结构特征变量和企业创新战略来分析它们对企业绩效的影响（见表 5.12）。

根据中介效应模型的回归结果可以发现，在模型 3 和模型 4，即连锁董事网络对企业绩效的直接效应的回归结果中，连锁董事网络中心性对企业绩效产生了正向的显著影响作用，其回归系数分别为 0.012（$p < 0.05$）和 0.019（$p < 0.05$），网络规模对企业绩效有着负向的显著影响作用，其回归系数分别为 -0.005（$p < 0.05$）和 -0.008（$p < 0.05$）；结构洞对企业绩效的影响中与 ROA 正向影响不显著，但与 *ROE* 有着正向的显著影响作用，其回归系数分别为 0.010（$p > 0.1$）和 0.018（$p < 0.1$）。在模型 5 ~ 模型 8 中，即创新战略对企业绩效的回归结果中，即创新战略对企业绩效都具有正向影响作用，均在 1% 的水平上呈显著正相关关系。同时，在上述表 5.7 的回归分析中，通过连锁董事网络对创新战略的影响检验，回归结果显示网络中心性显著正向影响企业的创新战略，网络规模显著负向影响企业的创新战略，而结构洞对创新战略没有影响。

最后，根据模型 9 和模型 10，即企业绩效同时对连锁董事网络和创新战略（*RD*）的回归结果中，创新战略（*RD*）对企业绩效（*ROA* 和 *ROE*）仍然具有正相关关系，其回归系数分别为 0.312 和 0.466，均在 1% 的水平上显著，网络中心性对企业绩效的回归系数由 0.012（$p < 0.05$）和 0.019（$p < 0.05$）变为 0.018（$p < 0.01$）和 0.031（$p < 0.01$），且都呈现出显著正相关关系，说明创新战略（*RD*）在网络中心性和与企业绩效之间起到了部分中介作用，支持了假设 H7a；网络规模与企业绩效的回归系数分别为 -0.007（$p < 0.05$）和 -0.011（$p < 0.05$）且都呈现出显著负相关关系，说明创新战略（*RD*）在网络规模和与企业绩效之间起到了部分中介作用，支持了假设 H7b；同时结构洞对企业绩的回归系数为 0.007 和 0.014 且不显著，但由于结构洞对创新战略影响不显著，中介效应还需要进行 Sobel 检验来确定，Sobel 统计量均为 0.005 且在 10% 水平上不显著，可见中介效应不存在。同样地，在模型 11 和模型 12，即企业绩效同时对连锁董事网络和创新战略（*TechR*）的回归结果中，创新战略（*RD*）对企业绩效（*ROA* 和 *ROE*）的回归系数分别为 0.040 和

表 5.12　　创新战略对连锁董事网络与企业绩效间的中介作用

	Model 1 ROA	Model 2 ROE	Model 3 ROA	Model 4 ROE	Model 5 ROA	Model 6 ROE	Model 7 ROA	Model 8 ROE	Model 9 ROA	Model 10 ROE	Model 11 ROA	Model 12 ROE
Bsize	-0.016*** (-2.86)	-0.025*** (-2.80)	-0.010* (-1.89)	-0.015* (-1.73)	-0.014** (-2.13)	-0.020** (-1.97)	-0.012* (-1.81)	-0.019* (-1.77)	-0.009 (-1.27)	-0.010 (-1.02)	-0.007 (-1.01)	-0.009 (-0.86)
IDR	0.050*** (2.80)	0.077*** (2.69)	0.018 (1.05)	0.026 (0.96)	0.068*** (3.29)	0.099*** (3.06)	0.065*** (3.02)	0.098*** (2.92)	0.030 (1.53)	0.039 (1.28)	0.020 (0.98)	0.026 (0.81)
Conc	0.0007*** (8.63)	0.001*** (8.70)	0.0006*** (7.52)	0.001*** (7.71)	0.0007*** (7.64)	0.001*** (7.72)	0.0009*** (8.50)	0.001*** (8.35)	0.0006*** (6.40)	0.0009*** (6.59)	0.0007*** (7.42)	0.001*** (7.41)
Fsize	0.002 (1.35)	0.002 (1.20)	0.0002 (0.13)	-0.0005 (-0.24)	0.003* (1.84)	0.005* (1.69)	0.003 (1.47)	0.004 (1.45)	0.002 (1.02)	0.002 (0.72)	0.0008 (0.48)	0.0008 (0.31)
ALR	-0.102*** (-12.02)	-0.007 (-0.50)	-0.099*** (-12.34)	0.002 (0.18)	-0.095*** (-9.58)	0.003 (0.20)	-0.096*** (-9.28)	0.002 (0.14)	-0.091*** (-9.87)	0.012 (0.81)	-0.092*** (-9.51)	0.011 (0.71)
DFL	-0.0002 (-0.19)	-0.003** (-2.21)	-0.003** (-2.65)	-0.010*** (-4.88)	0.0003 (0.26)	-0.002 (-1.54)	0.0008 (0.72)	-0.002 (-1.01)	-0.003* (-1.95)	-0.008*** (-3.98)	-0.003 (-1.91)	-0.008*** (-3.71)
WZ	-0.0002 (-0.28)	0.0001 (0.05)	0.0008 (1.18)	0.002 (1.54)	-0.0006 (-0.48)	-0.0009 (-0.51)	-0.0005 (-3.00)	-0.001 (-4.00)	0.0005 (0.44)	0.0006 (0.38)	0.0005 (0.43)	0.0004 (0.22)
Year	Control	Control	Control	Control	Control	Control	Control	Control	Control	Control	Control	Control
Degree			0.012** (2.36)	0.019** (2.24)					0.018*** (2.68)	0.031*** (2.97)	0.017** (2.26)	0.028** (2.49)
Netsize			-0.005** (-2.25)	-0.008** (-2.12)					-0.007** (-2.28)	-0.011** (-2.47)	-0.005 (-1.61)	-0.009* (-1.68)
StrHole			0.010 (1.45)	0.018* (1.75)					0.007 (0.85)	0.014 (1.11)	0.006 (0.68)	0.010 (0.73)
RD					0.314*** (4.70)	0.473*** (4.51)			0.312*** (5.00)	0.466*** (4.81)		
TechR							0.040*** (3.88)	0.051*** (3.16)			0.040*** (4.11)	0.054*** (3.52)
_Cons	0.040 (1.62)	0.008 (0.20)	0.081*** (3.44)	0.079** (2.11)	-0.007 (-0.22)	-0.053 (-1.10)	-0.007 (-0.21)	-0.049 (-0.99)	0.033 (1.13)	0.015 (0.34)	0.040 (1.32)	0.028 (0.59)
R^2	0.260	0.124	0.371	0.254	0.273	0.157	0.261	0.147	0.384	0.293	0.370	0.280
F	40.18	16.11	41.71	24.14	29.36	14.51	26.33	12.78	31.79	21.12	28.54	18.89

注：*、**、***分别表示 t 检验的显著水平达到 10%、5% 和 1% 的统计。

0.054，均在1%的水平上显著，网络中心性对企业绩效（*ROA* 和 *ROE*）的回归系数分别为 0.017（$p<0.05$）和 0.028（$p<0.05$），且呈现出显著正相关关系，说明创新战略（*TechR*）在网络中心性和与企业绩效之间起到了部分中介作用，再次支持了假设 H7a；网络规模与企业绩效（*ROA* 和 *ROE*）的回归系数分别为 -0.005（$p>0.1$）和 -0.009（$p<0.1$）说明创新战略（*TechR*）在网络规模和与企业绩效之间起到了部分中介作用，假设 H7b 再次得到验证；同时结构洞对企业绩的回归系数由 0.010 和 0.018 变为 0.006 和 0.010 且变得不显著，但由于结构洞对创新战略影响不显著，中介效应还需要进行 Sobel 检验来确定，Sobel 统计量均为 -0.03 且不显著，拒绝了假设 H7c。由此可见，创新战略在网络中心性和网络规模对企业绩效影响中起到了中介作用。

5.4　实证结果讨论

通过对研究样本数据进行描述性统计分析、相关分析和回归分析，本书对研究的理论模型及其研究假设进行验证，从假设检验结果来看，绝大部分的研究假设得到了有效的验证，虽然有些假设没有得到支持，但是通过实证分析也有很多有价值的新发现。本书将所有研究假设的检验结果总结在表 5.13 中。根据实证分析结果，进行下一步深入的讨论。

表 5.13　　　　　　　　　研究假设检验结果汇总

编号	假设内容	检验结果
	董事会认知异质性与企业创新战略的假设	
H1a	董事会年龄异质性与企业创新战略正相关	支持
H1b	董事会教育程度异质性与企业创新战略负相关	支持
H1c	董事会职业背景异质性与企业创新战略正相关	支持
	连锁董事网络与创新战略的假设	
H2a	连锁董事网络的中心性与企业创新战略正相关	支持
H2b	连锁董事网络规模与企业创新战略正相关	不支持
H2c	连锁董事网络的结构洞与企业创新战略正相关	不支持
	企业创新战略与企业绩效的假设	
H3	企业创新战略与企业绩效正相关	支持
	董事认知异质性与企业绩效的假设	
H4a	董事会年龄异质性与企业绩效正相关	不支持
H4b	董事会教育程度异质性与企业绩效负相关	支持
H4c	董事会职业背景异质性与企业绩效正相关	支持

续表

编号	假设内容	检验结果
	连锁董事网络与企业绩效的假设	
H5a	连锁董事网络的中心性与企业绩效正相关	支持
H5b	连锁董事网络规模与企业绩效正相关	部分支持
H5c	连锁董事网络的结构洞与企业绩效正相关	支持
	创新战略对"董事会认知异质性—企业绩效"的中介作用假设	
H6a	创新战略在董事会年龄异质性和企业绩效之间起到中介作用	不支持
H6b	创新战略在董事会教育程度异质性和企业绩效之间起到中介作用	支持
H6c	创新战略在董事会职业背景异质性和企业绩效之间起到中介作用	支持
	创新战略对"连锁董事网络—企业绩效"的中介作用假设	
H7a	创新战略在连锁董事网络中心性和企业绩效之间起到中介作用	支持
H7b	创新战略在连锁董事网络规模和企业绩效之间起到中介作用	支持
H7c	创新战略在连锁董事网络的结构洞和企业绩效之间起到中介作用	不支持

（1）董事会认知异质性与企业创新战略的结果分析

企业如何在竞争激烈的市场环境中取得良好的经营绩效是学术界和理论界共同关注的话题。创新战略作为一种重要的竞争战略而备受重视。同时，随着董事会越来越多地参与到企业的战略制定和实施中，董事会对整个企业的组织协调和经营管理都有着很大的决策权与控制权。而团队的决策是基于团队成员对外部环境变化认知和解释并通过战略选择对外部变化的反应和模拟过程（Tushman & Romanelli，1985），可见团队的整体认识水平对企业战略选择有着极其重要的作用。同时根据高层梯队理论，高管团队的人口统计学特征是十分重要的解释变量，反映了董事会价值观和认知基础，并会对一系列中介变量和过程产生影响，因此可以从团队异质性出发来考察对企业战略及其对组织绩效的影响过程（Hambrick & Mason，1984）。基于此，本书提出了董事会认知异质性会对企业创新战略产生显著影响的假设。实证结果表明，董事会年龄异质性显著正向影响企业的创新战略（$\beta = 0.001$，$p < 0.05$；$\beta = 0.005$，$p < 0.01$），从而验证了假设 H1a，即年龄异质性的董事会更易于大打破原有的沟通或管理模式，提供多样化的观点，提高对风险的认知能力和承受能力，增加采取创新战略的机会。董事会教育程度异质性对创新战略有着显著的负向影响作用（$\beta = -0.037$，$p < 0.01$；$\beta = -0.239$，$p < 0.01$），这也与假设 H1b 的一致，这表明董事会成员的教育程度越异质性越大越不有利于企业的创新战略决策，这主要是由于不同教育程度董事会成员在专业知识技能和信息理解能力等方面有差异，造成了董事会内部难以沟通交流并达成

共识，从而阻碍了企业创新战略决策。董事会职业背景异质性显著正向影响创新战略（$\beta = 0.041$，$p < 0.01$；$\beta = 0.284$，$p < 0.01$），验证了假设 H1c，这说明董事会职业背景异质性提高董事会认知多样性，具有创新性的思维方式，有利于从多角度对复杂的问题进行分析，提出创新性观点，更可能产生创新性方案，促进企业创新战略的选择。

（2）连锁董事网络与企业创新战略的结果分析

企业可以通过连锁董事网络嵌入企业创新战略，企业在连锁董事网络中的中心性、网络规模和结构洞会企业创新战略产生重要的影响作用，因而本书根据理论分析，提出连锁董事网络三个重要特征都对企业创新战略产生显著的正向影响的研究假设。实证结果表明，连锁董事网络的中心性与企业创新战略显著正相关（$\beta = 0.010$，$p < 0.1$；$\beta = 0.069$，$p < 0.1$），从而支持了研究假设 H2a，这也就意味着连锁董事网络中心性越大表明企业在网络中占据核心位置，与网络中其他企业建立了越多的联结关系，企业在网络将更具有权力，从而获得控制优势（Powell et al.，2001），通过对网络资源的有效利用来获取更多的信息、新知识和技术，来增强企业的创新能力。连锁董事网络规模与企业创新战略显著负相关（$\beta = -0.004$，$p < 0.1$；$\beta = -0.037$，$p < 0.05$），该结果与研究假设 H2b 相反，这有可能是由于网络规模越大的企业越倾向于和其他企业建立更多的联结关系，虽然拓宽了获取信息与资源的广度却丧失了深度，导致所获得的信息质量不高，不利于对企业创新战略决策。企业在连锁董事网络中占据结构洞的位置对企业创新战略的影响并不显著，假设 H2c 则没有得到支持，这可能由于网络的封闭性要求网络中的企业建立紧密联结关系，建立彼此间的信任而形成企业合作规范（罗珉、高强，2011），而网络的结构洞增加了网络的稀疏性（Vineet，2011），更可能产生机会主义行为；同时，网络中的结构洞具有周期性，给企业带来短期优势，一旦运用结构洞的企业增多，企业跨越结构洞的优势就会消失，如果企业没有及时桥接结构洞，那么促进企业创新的优势也会消失（Burt，1992）。

（3）创新战略与企业绩效的结果分析

企业采取创新战略就是为了在竞争激励的行业环境中，寻求可持续竞争优势的一种竞争战略。企业通过多种创新活动，一方面来完善企业产品的性能、提高服务质量和技术水平，从而促进企业绩效的提高；另一方面企业也通过技术创新来加大研发投入力度，通过提供具有竞争力的产品或服务来满足顾客的潜在需求并扩大市场占有率，来提升企业经营绩效。这些观点支持了本书的研究假设 H3，同时，实证结果也表明，企业创新战略的选择对企业绩效产生显著的积极影响作用（$\beta = 0.230$，$p < 0.01$；$\beta = 0.384$，$p < 0.01$），可见企业需要加强对创新的投入，在适应外部环境变化的同时提高企业竞争力，从而促进企业经营绩效的提高。

（4）董事会认知异质性与企业绩效的结果分析

一般认为，团队职业经验背景、年龄和教育水平等人口统计特征能够较好地反映团队的价值观、认知基础和偏好等心理因素，因此，在研究中，广大学者们用团队的人口统计特征的异质性来反映团队的认知异质性（Pfeffer，1983；Hambrick & Mason，1984）。根据高层梯队理论，团队的认知水平会影响组织行为和绩效，因此本书提出了董事会认知异质性对企业绩效产生不同影响的研究假设。通过实证分析，研究结果表明董事会年龄异质性对企业绩效的影响并不显著，因此假设 H4a 不成立，这可能是由于董事会成员年龄差异较大时会造成董事成员之间产生沟通障碍，难以达成一致的意见，影响决策的效率和成本，从而阻碍了企业绩效的提高。董事会教育程度异质性对企业绩效产生显著的负向影响作用（$\beta = -0.053$，$p < 0.01$；$\beta = -0.088$，$p < 0.01$），假设 H4b 得到验证，虽然董事会成员整体教育水平越高越有利于企业绩效提高，但是董事会教育程度的异质性高，会带来成员间的认知能力和学习能力差异太大，却不利于企业绩效的提高。董事会职业背景异质性对企业绩效产生了显著的正向影响作用（$\beta = 0.026$，$p < 0.1$；$\beta = 0.037$，$p < 0.1$），该结果与假设 H4c 一致，这表明不同职业背景的董事会成员可以根据自身不同的经验，更好对外部环境变化及复杂问题进行解读，也具有更多获取信息的渠道，有利于企业经营管理方式的完善和绩效水平的提升。

（5）连锁董事网络与企业绩效的结果分析

连锁董事网络的建立为企业提供了获取外部信息和资源有效渠道。企业可以通过建立连锁董事关系来进入该网络，以获取其他网络伙伴的有效信息和关键性资源，同时也增强了企业对商业环境和合作伙伴的了解，从而通过资源共享和建立合作关系来促进企业未来的生存和发展，最终影响到企业绩效（Uzzi，1996）。本书提出了连锁董事网络的中心性、结构洞和网络规模对企业绩效产生积极影响的假设。实证结果表明，连锁董事网络中心性对企业绩效产生显著正向的影响作用（$\beta = 0.012$，$p < 0.05$；$\beta = 0.019$，$p < 0.05$），从而支持假设 H5a，这可能是因为当企业处于网络的中心位置时，企业拥有对网络中其他企业控制优势，并进一步将自己放在具有信息优势的位置，从

而更易于获取更多有效的信息和重要资源，从而有利于企业绩效的提高（Gulati，1999；Salman & Saives，2005；任兵等，2007）。在单个连锁董事网络规模对企业绩效的回归模型中网络规模对企业绩效产生积极的影响作用（ $\beta = 0.001$，$p < 0.01$；$\beta = 0.002$，$p < 0.01$），而在三个网络特征变量同时对企业绩效的进行回归的模型中，网络规模对企业绩效产生显著负向影响作用（ $\beta = -0.005$，$p < 0.05$；$\beta = -0.008$，$p < 0.01$），假设 H5b 没有得到完全支持，这说明连锁董事规模越大越有利于拓宽获取信息的渠道，可利用的网络资源越丰富，企业可以通过这些资源的有效利用来提升企业经营绩效，但是企业更倾向于与相似的网络伙伴建立连锁关系而没有建立异质性网络关系，难以获取不同的信息和重要资源，从而造成网络规模的过大反而会对企业绩效产生消极影响。连锁董事网络中的结构洞单个变量与企业绩效的回归模型中，结果表明结构洞对企业绩效都有着显著的正向影响作用（ $\beta = 0.008$，$p < 0.1$；$\beta = 0.018$，$p < 0.05$），在连锁董事网络三个变量同时对企业绩效进行回归模型中，结构洞仍然对企业绩效产生积极影响作用（ $\beta = 0.018$；$p < 0.1$），因此假设 H5c 得到了支持，这意味着企业通过跨越结构洞建立更多非冗余的伙伴关系，以获得多样化信息和异质性资源，有利于提高企业绩效。

（6）创新战略的中介效应分析

随着董事会战略作用的日益凸显，董事会成员往往基于自身的认知水平对内外部环境进行解读，因此，董事会认知异质性不仅会直接对企业绩效产生影响，而且还会通过战略选择行为来间接地影响企业绩效，可见创新战略是董事会认知异质性与企业绩效之间的一个重要的中介变量。通过对创新战略在董事会认知异质性与企业绩效间的中介效应进行检验，结果发现，创新战略在董事会年龄异质性与企业绩效之间不存在中介作用，假设 H6a 没有得到支持，这主要是因为董事会年龄异质性对企业绩效的直接效应不显著；然而创新战略不仅在董事会教育程度异质性与企业绩效之间存在着重要的中介作用，而且也在董事会职业背景与企业绩效间起着完全中介作用，这些检验结果支持了假设 H6b 和 H6c，这就意味着董事会的教育程度和职业背景的异质性反映了董事会认知水平的差异性，而促进企业采取创新战略来提高企业经营绩效。同时，本书也对创新战略在连锁董事网络与企业绩效间的中介作用的假设进行检验，研究结果显示创新战略不仅在网络中心性与企业绩效之间起着中介作用，而且在网络规模和企业绩效之间也起着重要的中介作用，从而支持了假设 H7a 和假设 H7b, 但是创新战略在连锁董事网络中的结构洞与企业绩效之间没有中介作用, 假设 H7c 没有得到支持, 这主要是由于结构洞的位置对企业创新战略的影响并不显著, 难以通过企业创新来影响企业绩效。

5.5　本章小结

基于第 3 章所提出的理论研究模型和研究假设, 并通过第 4 章对研究变量测量方法的设定和样本数据的收集和整理, 本书在此基础上对最终所获得的有效数据进行实证分析和讨论。由于所有研究数据都是具有连锁董事网络中的企业, 因而本书首先通过社会网络分析软件 Ucinet 6.0 对连锁董事网络图进行了直观的描述, 并对所有的样本数据的年度分布和行业分布进行了统计分析, 并且将本书中所有的变量进行了描述性统计分析; 其次, 通过 SPSS 22.0 软件检验了各变量的相关性, 为后续的回归分析和假设检验提供了一定的参考; 然后, 运用 Stata 16.0 统计分析软件, 从董事会认知嵌入和网络嵌入企业创新战略和绩效, 这两条路径来对数据进行回归分析, 以检验假设正确性和合理性, 研究发现董事会认知异质性对创新战略的选择有着不同的显著影响, 董事会教育程度异质性和职业背景异质性与企业绩效影响作用相反; 连锁董事网络中的中心性和网络规模对企业创新战略也有着不同的显著影响作用, 而结构洞对企业创新战略的影响不显著, 但是连锁董事网络结构特征对企业绩效产生不同的显著影响, 同时研究表明企业采取创新战略有利于企业绩效的提高; 最后, 检验了创新战略的中介作用, 结果表明创新战略不仅在董事会教育程度异质性和职业背景异质性与企业绩效间起着中介作用, 而且也在网络中心性和网络规模与企业绩效之间起着重要的中介作用。通过本章实证分析, 绝大部分研究假设得到了有效地验证, 从而为模型的修正和理论与实践启示提供了重要的参考基础。

第6章 研究结论与展望

6.1 主要研究结论

在经济全球化、行业竞争日益升级的当今时代背景下，企业要在复杂多变的环境下处于不败之地，并取得长远的发展，就需要通过持续创新来获得竞争优势。而随着董事会越来越多地参与到企业战略过程中，企业创新战略的选择不仅受到了高层管理团队的影响，也受到了董事会的影响，董事会可以通过其认知异质性所带来的特殊的人力资本和连锁董事网络所带来的社会网络资本来影响企业战略选择和绩效，尤其是在外部环境不确定性较高时，更需要董事会担任好战略服务的职能。因此，本书在研读了大量有关公司治理与企业战略等相关的文献基础上，基本沿承了以往对董事会与企业战略之间相互影响方面的研究范式，即借鉴产业组织学的"结构—行为—绩效"（SCP）的分析模式，分析了董事会认知异质性和连锁董事网络结构特征对企业创新战略产生的影响，并最终影响企业绩效。

基于理论研究框架，本书从多个层面对董事会介入企业创新及其效果进行了深入的分析，综合运用文献分析方法、理论演绎法、社会网络分析方法和统计分析方法等多种定性与定量研究方法，利用社会网络分析软件 Ucinet 6.0、社会科学统计分析软件 SPSS 22.0 和数据统计分析软件 Stata 16.0，对所研究数据进行详尽有效的实证分析，以对研究假设进行检验，从而尝试回答以下几个重要的问题：董事会认知异质性是否有利于企业的创新战略？董事会认知异质性是否能够带来企业绩效的提高？连锁董事网络是否有助于企业创新战略选择？连锁董事网络是否能够帮助提高企业绩效？企业创新战略的选择是否有利于提高企业绩效？针对以上的研究问题，本书通过理论分析和实证研究得到了以下主要的观点和结论。

（1）董事会认知异质性对企业创新战略有着显著的影响

董事会认知异质性对企业创新战略的影响主要体现在：董事会年龄异质性和董事会职业背景异质性都显著正向影响创新战略，而董事会教育程度异质性对企业创新战略有着显著负向影响。这主要因为这些特征反映了董事会价值观和认知基础，相对较大的董事会异质性可以增强了董事会的认知多样性，当董事会年龄异质性较大时，年龄较小的董事成员具有开拓创新精神，年龄较大的则具有丰富的管理经验，两者相互结合有利于企业创新战略选择与实施；董事会职业背景异质性对创新战略也会产生积极的影响，董事会职业背景异质性提高董事会认知多样性，具有创新性的思维方式，有利于从多角度对复杂的问题进行分析，提出创新性观点，更可能产生创新性方案，促进企业创新战略的选择。董事会成员的教育程度越异质性越大越不有利于企业的创新战略决策，当董事成员的教育程度差异化太大时，成员在新知识与信息的理解和处理能力上有差异，阻碍董事会成员之间的有效沟通和交流，甚至会在企业重大决策中产生分歧，不利于企业的创新战略决策。

（2）不同连锁董事网络特征对企业创新战略产生不同影响

连锁董事网络对企业创新战略所产生的影响主要体现在：连锁董事网络的中心性对企业创新战略产生显著的正向影响，而网络规模对企业创新战略在产生显著的负向影响，连锁董事网络中结构洞对企业创新战略的影响作用并不显著。当企业在连锁董事网络中占据核心位置，有利于获得控制优势，获取更多有效的信息、新的知识和技术，有助于增强企业的创新能力。当企业网络规模太大时会与很多企业建立连锁联结关系，虽然拓展了获取信息与资源的渠道，但很可能大范围所获得信息和资源是冗余的，缺乏关键的创新信息与资源，而对企业创新战略产生消极的影响。同时由于网络中的结构洞具有周期性，会给企业带来短期优势，如果企业没有及时桥接结构洞则失去结构洞对企业创新的影响效果。

（3）企业创新战略促进了企业绩效提高

企业选择创新战略会对企业绩效产生显著正向影响作用。在市场竞争愈加激烈背景下，企业所采取的创新战略已成为获取可持续竞争优势的一种竞争战略。企业采取创新战略的目的就是为了满足顾客对产品或服务新价值的需求，通过采取新的知识或技术对各生产要素进行重新整合，以提高企业的市场占有率，获取可持续竞争优势，促进企业的生存和发展，最终提升企业经营绩效。

（4）董事会认知异质性对企业绩效会产生直接和间接影响

董事会认知异质性对企业绩效产生的直接作用体现在：董事会教育程度异质

性对企业绩效产生显著的负向影响作用，董事会职业背景异质性对企业绩效产生了显著的正向影响作用。董事会团队成员所受教育程度差异化较大，会造成内部沟通障碍，甚至产生严重冲突，阻碍企业绩效的提高。职业背景异质性较大时，董事会成员会根据自身不同的职业经验，从不同的视角对企业目前状况和外部环境进行新的解读，提出建设性建议，有利于企业绩效的提高。董事会认知异质性对企业绩效产生的间接作用体现在：董事会教育程度异质性和职业背景异质性可以通过企业创新战略这一中介变量来对企业绩效产生影响。董事会教育程度异质性越大，越不利于企业创新战略决策，从而不利于企业绩效的提高；董事会职业背景异质性越高，越有利于企业创新战略决策，进而提高企业经营绩效。

（5）连锁董事网络对企业绩效会产生直接和间接影响

连锁董事网络对企业绩效的直接作用体现在：连锁董事网络中心性对企业绩效产生显著正向的影响作用，连锁董事网络中的结构洞对企业绩效有着显著的正向影响作用，连锁董事网络规模对企业绩效产生了显著的影响，其作用需结合情况进行分析。当企业处于网络的中心位置时，企业更易于获取更多有效的信息和重要资源，从而有利于企业绩效的提高；企业通过跨越结构洞建立更多非冗余的伙伴关系，以获得多样化信息和异质性资源，有利于提高企业绩效；当网络规模适中时企业拓展了获取信息和资源的渠道，企业可以利用网络丰富资源来企业绩效；但当网络规模过大时，企业疲于维护多个联结伙伴的关系而专注企业经营发展问题，而不利于促进企业绩效。连锁董事网络对企业绩效的间接影响作用体现在：连锁董事网络中心性和连锁董事网络规模可以通过企业创新战略这一中介变量来对企业绩效产生间接的影响。企业越处于连锁董事网络中的中心位置，越有利于企业创新战略决策，从而提高企业绩效；企业网络规模越大，越不利于企业进行创新战略，从而也不利于企业绩效的提高。

6.2 研究贡献及启示

6.2.1 研究贡献

本书从公司治理和战略管理研究的交叉领域，从嵌入性分析视角，结合多种理论对董事会介入企业创新战略及其效果进行了多层次地探讨和分析，构建了理论研究模型，提出了研究假设并通过实证研究对理论模型和研究假设进行有效的检验，因此，主要的研究贡献可以概括为以下几个方面：

（1）从嵌入视角构建了董事会介入企业创新战略的综合分析框架

结合嵌入视角从董事会的认知嵌入和网络嵌入两个层面来分析董事会介入企业创新战略及效果，构建了"董事会认知异质性—创新战略—绩效"和"连锁董事网络—创新战略—企业绩效"的两条分析路径，并充分结合两条作用路径对它们之间的相互影响作用进行了详细的探讨，从而系统地分析了董事会对创新战略及企业绩效的作用机制过程，不仅合理解释了董事会如何介入公司战略以及董事会在创新战略发挥何种作用，而且通过实证研究来对董事会介入企业创新战略和效果进行了检验，也得到了参考价值的研究结论，从而拓展了当前战略治理的研究。

（2）拓展了连锁董事网络与企业创新战略的研究

当前国内外学者更多的关注连锁董事网络对并购战略和企业绩效的影响，而忽视了连锁董事网络对企业创新战略的影响作用，本书在当前研究成果的基础上通过理论推演和实证检验，充分证实连锁董事网络对企业创新战略的重要性，从而极大地丰富了现有连锁董事网络的相关研究成果，也在一定程度上为后续研究提供了一定的理论基础。

（3）深化了新时代背景下我国企业董事会战略职能的相关研究

在知识经济时代，当今的竞争范式发生了深刻的变化，这必然要求企业根据外部环境来适时、适当地采取创新战略，以增强企业可持续的竞争优势并提高企业绩效。在此背景下企业董事会的战略角色的重要性也日益得以凸显，本书提出董事会成员作为资源提供者，可以利用董事自身的背景经验、专业知识与技能等参与到企业创新战略决策，也可以充分发挥董事会中连锁董事网络中所蕴含社会网络资本作用，为企业创新战略提供更多信息资源和机会；因此，本书整合多种理论从不同层面探讨了董事会参与企业创新战略活动，丰富并深化了新时代背景下我国企业的董事会战略职能的相关研究成果。

6.2.2 实践启示

随着董事会的战略作用日益凸显，企业越来越重视在企业战略管理过程发挥董事会的战略功能。本书通过对董事会介入企业创新战略和企业绩效的理论分析和实证检验，也得出了一些具有建设性结论，这对我国企业的公司治理和经营管理活动都具有一定的实践指导意义，具体有以下几个方面：

（1）重视并发挥董事会的战略职能

通常在公司治理中，董事会的存在被认为是为了解决委托人和代理人之间的代理问题，而董事会承担着对管理层进行监督和控制的重要职能，以确保管理者的行为能够满足企业各方利益诉求并有利于企业的长远发展。然而，在战略管理中，董事会的存在原因被理解为在企业战略管理过程中，扮演着重要的资源提供者和战略决策参与者的角色。尤其是在当今经济全球化、信息技术不断革新的时代背景下，企业所面临的外部市场竞争日益加剧，同时企业战略决策过程也愈加复杂，董事会在企业中所承担的战略职能显得越来越重要。因而，企业不仅要强调董事会的监督控制职能，更加要重视董事会的战略职能。在企业的战略管理中，董事会需要与管理层共同参与企业战略的制定和实施过程，并通过董事会成员所拥有的专业化知识、能力和经验为公司战略决策提供创造性思维和建议，帮助和引导管理层做出创新的管理决策方案。同时，企业也要充分发挥董事会在战略管理过程中的资源提供者作用，通过董事会与外部环境联系的方式来建立有效的沟通渠道，以获得重要的外部信息和资源，合理地分配内外部资源，为管理层的战略决策提供咨询服务，以提高企业战略决策质量，应对外部市场竞争和风险。因此，在外部环境日益复杂多变的情况下，企业更应该注重充分挖掘董事会的战略功能，以提高企业的竞争能力，促进企业绩效的提升。

（2）优化董事会成员配置的制度设计

由于董事自身的背景经验、知识技能和教育程度等不仅会影响企业的战略管理过程，也会影响企业的经营绩效水平。由此，企业可以通过改变董事会内部成员组成来优化董事会成员异质性，从而促进企业创新战略的选择并有利于企业绩效的提高。具体来说，企业可以从以下几个方面对董事会成员配置的制度设计进行优化：其一，组建年龄异质性的董事会。企业在对董事会成员的选拔可以考虑不同年龄组合，以提高董事会成员年龄的多样性，不仅可以避免董事会内部沟通和管理模式的固化，也能够增强董事会成员认知的异质性，其中年龄较小的董事成员的开拓创新精神和年龄较大的管理经验，两者相互结合有利于提高对风险的认知能力和承受能力，促进企业创新战略选择与实施。其二，提高董事会成员的教育水平，教育水平在一定程度上反映了其个人所掌握的专业知识和学习能力，董事会成员的受教育程度越高，越有利于提高董事会对复杂情况或问题的分析处理能力，也更乐于接受新思维或新事物，促进企业创新战略的选择和绩效的提升。一方面，企业可以聘请更多较高学历的新成员担任董事职务，同时为这些较高学历董事会成员提供一个开放性的发展平台；另一方面，对已有的董事成员，企业不仅应该为其提供培训机会，而且也应积极鼓励他们进行深造，从而通过自我不断完善提高，为企业未来发展创造价值。其三，丰富董事会成员职业背景构成，企业在聘用董事时，可以参考候选人的职业背景，尽可能地选拔具有不同职业经验的董事，以增强整个董事会职业经验的异质性，使他们能够根据自身所积累的丰富经验知识与技能，从多个角度对企业问题进行分析，为企业创新战略决策提供合理的建议。

（3）合理利用连锁董事所带来的优势

我国企业所面临的外部环境也越来越复杂多变，其外部环境的不确定性也愈加增强，企业要在竞争激烈的环境中的提高适应能力，企业不仅要有效地运用企业的内部资源，而且还需要从外部环境中获取重要信息和资源，而连锁董事网络作为企业间所形成的一种重要的网络形式，连锁董事网络中蕴含丰富的社会资本，这些重要的资本能够为企业创新提高更多资源、信息和机会，因此，企业应该与网络伙伴建立合作关系，并获取网络资源，促进企业产生更多创新决策方案以应对外部环境变化，增强竞争力并提升企业绩效。企业可以收集所在地区的所有企业的连锁董事信息，构建企业间的关系矩阵，绘制出连锁董事网络图，明确企业在连锁董事网络中的所处的位置，了解连锁董事网络的整体状况，从而根据企业在网络中的情况，通过外派董事到其他企业或聘请其他企业的董事到企业兼任董事职务的方式，来积极主动的与网络其他目标企业建立连锁关系，优化企业在连锁董事网络中的所处的位置，挖掘重要网络资源和获取有效的信息，提高企业创新战略决策水平，增强企业经营绩效。

（4）建立连锁董事相关制度

连锁董事已成为发达国家日益普遍的一种企业制度安排方式。但是目前我国在连锁董事方面尚未建立相应的法律和政策，随着连锁董事网络作为组织网络中一种重要的合作方式也备受关注，我国应该加强公司治理中连锁董事相关制度设计。结合研究结果和当前实际情况，本书认为可以从以下几点来建立连锁董事制度：其一，建立连锁董事遴选标准，越来越多的企业拥有连锁董事，企业在挖掘和利用连锁董事的重要价值同时，也要加强对董事会结构设计和建立连锁董事成员选择的标准和制度，企业在选择董事成员时，可以关注董事候选人是否在其他企业兼任董事职务、该候选人兼任董事职位的数量情况、所兼任董事职务的企业特征和行业属性等，以更好地发挥连锁董事的优势，为企业带来更多潜在关系和资源；其二，适当限制连锁董事兼任董事职位数量和兼职企业的类型，虽然董事会成员在其他企业兼任董事越多，企业能够与更多的其他企业建立联结关系，扩大企业连锁董事规模，但是企业连锁董事兼任的董事职务过多，很有可能导致连锁董事过于忙碌而无暇致力于对管理层的监督和指导，不能有效发挥董事会的治理和战略作用，一般企业连锁董事兼任的董事职务在 3 个左右较为合适，同时，如果企业的连锁董事所兼职企业是目标企业的竞争对手，那么连锁董事很可能为了自身利益与一方企业产生共谋行为，损害另一方企业利益，因此，企业应该根据公司实际情况限制连锁董事兼职数量，并规定连锁董事所兼职企业不能与目标企业处于同一竞争行业，以避免连锁董事过于忙碌，也防止连锁董事成为实现个人或整个利益阶层目的工具；其三，建立连锁董事约束机制，企业可以通过建立连锁董事声誉机制和赔偿制度来约束连锁董事"以公谋私"的行为，具体来说，连锁董事个人的品行和名望都代表自身声誉资本，向市场传递着重要的信息，企业不仅在选拔董事时要注重其个人声誉，而且也要建立连锁董事声誉管理机制，记录并维护其声誉档案信息，同时我国在连锁董事侵害公司利益的相关赔偿制度也十分缺失，我国应该逐步建立相关赔偿制度来约束连锁董事产生有损于企业利益的行为，督促董事承担相应义务，保障企业权益。

（5）完善其他相关公司治理机制

企业建立完善的公司治理机制，可以保障董事会的有效性，促进董事会监督控制职能和战略职能更好地发挥，因此，公司治理相关制度可以从以下几个方面进一步地优化和完善：其一，组建合适的董事会规模，董事会规模不仅会影响董事会对经理的监督有效性，也会影响企业的战略决策和经营绩效，当董事会人数增多时，董事会成员之间的沟通和协调将会越来越困难，易引起董事会决策缺乏效率和内部成员对风险的厌恶，导致董事会行为很可能是无效的，由此，董事会规模过大很可能是董事会治理失败的一个原因，一般地，董事会规模应该保持 10 人以内，最好是 7～9 人，董事会才具有更好的决策效率；其二，优化董事会构成，从董事会成员的来源来看，董事会构成主要包括内部董事和外部董事，由于外部董事不仅能够带来更多的外部关系和资源，而且也有利于提高董事会独立性，因而企业可以适当地增加外部董事比例，同时合理区分内部董事与外部董事的工作侧重点和职能差异性，以更好地发挥不同类型的董事各自所承担的重要职能作用；其三，建立董事会激励机制，对董事会进行有效的激励是董事会治理中非常重要的部分，企业建立良好的激励机制有助于提高董事会效能，董事会成员更倾向于将自身利益与企业的整体利益和长远发展结合在一起，避免短期行为的产生，因此，企业可以结合股权激励与薪酬激励、短期激励与长期激励、浮动激励与固定激励等多种激励方式，促进董事会更好地履行相应地职责，实现董事个人发展与企业成长的目标。

6.3　研究局限与展望

6.3.1　研究局限性

本书对董事会介入企业创新战略和绩效的实证研究，具有一定理论意义和实践价值，但是由于自身研究水平的局限性、数据难获得性和研究问题的复杂性，本书还存在一些不足之处：

①在研究样本的选择上，由于作者研究条件和研究能力有限，虽然本书考虑到连锁董事网络具有地域的趋同性，对连锁董事网络的研究比较适合选择在处于同一地区的企业，因此选取了2015～2019年上海地区非平衡的面板数据，较好地对研究问题进行实证分析，也得到了相应的研究结论，但是特定地区的自身特征可能在一定程度上影响到了本书研究结论的普适性，同时，在本书研究中主要是通过上市公司的连锁董事任职情况来整理和构建企业间关系矩阵，而由于非上市公司的相关数据非常难以获得，本书研究中并不包括非上市公司，因此，在未来研究中还需要通过扩大研究样本所在地区范围，并通过问卷调查、访谈等方法来获得非上市公司的相关数据，从而使研究结论更具有适用性。

②在连锁董事网络的研究中，根据社会网络研究的相关理论和文献，主要考察了连锁董事网络的结构维度对企业创新战略和绩效的影响，主要体现在网络中心性、结构洞和网络规模这三个方面，然而由于时间有限，难以获取调研数据，而没有对连锁董事网络的关系维度进行分析，这是本书研究的

不足之处，未来研究可以通过调研获得一手数据来分析企业间关系强度对企业创新战略和绩效的影响。

③在创新战略的测量方面，根据国内外常用的测量指标，即研发强度和技术研发人员比例作为代理变量对企业的创新战略进行定量分析，也具有较好的代表性，能够有效地反映企业创新战略，但是由于这些指标都是与企业技术创新相关，而不能够充分地反映企业在制度创新或管理创新等方面战略调整，也具有一定局限性，因此，未来研究可以通过多维度测量来分析企业创新战略。

6.3.2　未来研究展望

本书对董事会介入企业战略和绩效的研究在一定程度上丰富了当前的研究成果，同时针对研究主题，未来的研究还可以从以下 4 个方面进行深入的拓展：

①董事会内部过程对企业战略和绩效影响的研究是未来研究的一个重要方向。目前国内外对董事会内部过程的研究极为有限，其中数据获取的难度和有限性可能是缺乏董事会过程研究的一个原因，但是更多对董事会过程的研究是当前学术研究领域所需要的。在未来的研究中，可以采取一些替代的方法来获取研究数据，例如采取档案研究法或问卷调查法。

②战略治理的研究领域可以进一步地关注高管层与董事会的互动机制对企业战略决策及其绩效方面的研究。组织理论家已经越来越重视结合代理理论和高管梯队理论，更关注上市公司的治理问题。之前大量的高层团队研究文献认为高层管理者通过影响并决定整个公司的战略方向来影响公司的行为和绩效。相对于高层管理人员而言，董事会通常被认为隐性的或很少能够独立影响公司的战略方向。因此，当前战略治理的研究强调董事会和高管层在战略决策过程共同发挥作用，因而对这两个决策主体之间互动作用和决策权优化配置对企业战略和绩效产生的影响的研究，是未来战略治理研究的重要议题。

③综合考虑连锁董事网络嵌入对企业战略和公司治理的影响研究，是未来连锁董事网络的研究方向。董事会不断参与到战略规划和实施过程中来，董事会的战略功能从一个监督制度功能扩展到占主导地位的参与功能中来，这就鼓励董事会的研究学者从主要集中在制度和治理功能的董事会结构的研

究向更加重视董事会战略功能和董事会结构影响战略决策这一研究方向转变。但董事会职能的研究中，治理职能和战略职能之间的一个重要潜在冲突，这些冲突根植于董事会的结构之中。具体来说，当董事会增加其规模和多样性会履行它的治理职能，却可能不适合及时采取战略行动应对环境的变化。但很大程度上在战略管理研究中，这种潜在的冲突并未得到学者的重视，因此，以连锁董事网络为研究出发点，综合分析董事会通过网络嵌入对企业战略和公司治理的双重影响，并对比分析董事会的治理和战略这两个重要属性的作用效果，寻求一个平衡机制的研究，也将具有重要的研究价值。

④动态地研究连锁董事网络中联结断裂和重构也是连锁董事网络未来研究的重点。本书在对连锁董事网络的相关数据进行收集和整理中，发现每年上海地区所形成的连锁董事网络的企业中会经常出现旧有联结关系断裂和新的联结关系建立的现象，连锁董事网络中的联结关系是一个建立、断裂、新生或重构的一个动态过程，而在当前国内外对连锁董事网络的研究中，关注连锁董事断裂联结及其重构的研究十分少见，而动态地关注连锁董事网络中连锁联结关系的断裂原因和重构的目的，以及断裂或重构对企业行为或绩效的影响是一个有难度而又具有理论和实践价值的研究命题。

参 考 文 献

[1] Ahn S, Jiraporn P, Kim Y S. Multiple directorships and acquirer returns [J]. Journal of Banking & Finance, 2010, 34 (9): 2011 – 2026.

[2] Appiah-Adu K, Ranchhod A. Market orientation and performance in the biotechnology industry: An exploratory empirical analysis [J]. Technology Analysis and Strategic Management, 1998, 109 (2): 197 – 210.

[3] Amason A C. Distinguishing the effects of functional and dysfunctional conflict on strategic decision making: Resolving a paradox for top management teams [J]. Academy of Management Journal, 1996, 39 (1): 123 – 148.

[4] Ahuja G. Collaboration networks, structural holes, and innovation: A longitudinal study [J]. Administrative Science Quarterly, 2000, 45 (3): 425 – 455.

[5] Aldrich H. Organizations and environments [M]. Engle-wood Cliffs, NJ: Prentice-Hall, 1979.

[6] Afuan A. Innovation management: Strategies, implementation, and profits [M]. Oxford University Press, 1998.

[7] Ansoff H I. The concept of strategic management [J]. Journal of Business Policy, 1972, 2 (4): 2 – 7.

[8] Ansoff H I. Managing strategic surprise by response to weak signals [J]. California Management Review, 1975, 18 (2): 21 – 33.

[9] Baker W E, Faulkner R R. The social organization of conspiracy: Illegal networks in the heavy electrical equipment industry [J]. American Sociological Review, 1993: 837 – 860.

[10] Baysinger B D, Hoskisson R E. The composition of boards of directors and strategic control: Effects on corporate strategy [J]. Academy of Management Review, 1990, 15 (1): 72 – 87.

［11］Burt R S. Corporate Profits and Cooperation ［M］. Academic Press：New York，1983.

［12］Burt R. S. Structural holes：The social structure of competition ［M］. Harvard University Press：Cambridge，1992.

［13］Burt R S. The contingent value of social capital ［J］. Administrative Science Quarterly，1997：339 – 365.

［14］Burt R S. Structural holes and good ideas ［J］. American Journal of Sociology，2004，110 （2）：349 – 399.

［15］Barney J B. Firm resources and sustained competitive advantage ［J］. Journal of Management，1991，17 （1）：99 – 120.

［16］Barney J B. Resource-based theories of competitive advantage：a ten-year yetrospective on the resource-based View ［J］. Journal of Management，2001，27 （6）：643 – 650.

［17］Brickley J A，Coles J L，Jarrell G. Leadership structure：separating the CEO and chairman of the board ［J］. Journal of Corporate Finance，1997，3 （3）：189 – 220.

［18］Baum J，Oliver C. Institutional embeddedness and the dynamics of organizational populations ［J］. American Sociological Review，1992，57：540 – 562.

［19］Bantel K A，Jackson S E. Top management and innovations in banking：does the composition of the top team make a difference? ［J］. Strategic Management Journal，1989，10 （1）：107 – 124.

［20］Beckman C M，Haunschild P R. Network learning：The effects of partners' heterogeneity of experience on corporate acquisitions ［J］. Administrative Science Quarterly，2002，47 （1）：92 – 124.

［21］Beckman C M，Haunschild P R，Phillips D J. Friends or strangers? Firm-specific uncertainty，market uncertainty，and network partner selection ［J］. Organization Science，2004，15 （3）：259 – 275.

［22］Benner M J，Tushman M L. Exploitation，exploration，and process management：The productivity dilemma revisited ［J］. Academy of Management Review，2003，28 （2）：238 – 256.

［23］Bouwman C H，Xuan Y. Director overlap and firm financial policies，AFA 2011 Denver Meetings Paper，2010.

［24］Boyd B. Corporate linkages and organizational environment：A test of the resource dependence model［J］. Strategic Management Journal，1990，11（6）：419－430.

［25］Cai Y，Sevilir M. Board connections and M & A transactions［J］. Journal of Financial Economics，2012，103（2）：327－349.

［26］Christensen C M. The innovator's dilemma：When new technologies cause great firms to fail［M］. Boston：Harvard Business School Press，1997.

［27］Chi-Kun Ho. Corporate governance and corporate competitiveness：An international analysis［J］. Corporate Governance，2005，13（2）：211－225.

［28］Carter S M. The interaction of top management group，stakeholder and situational factors on certain corporate reputation management activities［J］. Journal of Management Studies，2006，43（5）：1145－76.

［29］Cannella A A，Park J H，Lee H U. Top management team functional background diversity and firm performance：Examining the roles of team member colocation and environmental uncertainty［J］. Academy of Management Journal，2008，51（4）：768－784.

［30］Carrington P J. Horizontal co-optation through corporate interlocks［D］. PhD thesis，Department of Sociology，University of Toronto：Toronto，1981.

［31］Carpenter M A，Fredrickson J W. Top management teams，global strategic posture，and the moderating role of uncertainty［J］. Academy of Management Journal，2001，44（3）：533－545.

［32］Carpenter M A，Westphal J D. The strategic context of external network ties：Examining the impact of director appointments on board involvement in strategic decision making［J］. Academy of Management Journal，2001，44（4）：639－660.

［33］Carpenter M A. The implications of strategy and social context for the relationship between top management team heterogeneity and firm performance［J］. Strategic Management Journal，2002，23（3）：275－284.

［34］Carpenter M A，Geletkanycz M A，Sanders W G. Upper echelons research revisited：Antecedents，elements，and consequences of top management team composition［J］. Journal of Management，2004，30（6）：749－778.

［35］Chen H L. Does board independence influence the top management team? Evidence from strategic decisions toward internationalization［J］. Corporate

Governance: An International Review, 2011, 19 (4): 334 – 350.

[36] Christensen C M, Raynor M E. The innovator's solution: Creating and sustaining successful growth [M]. Harvard Business Press, 2003.

[37] Chua W F, Petty R. Mimicry, director interlocks, and the interorganizational diffusion of a quality strategy: A note [J]. Journal of Management Accounting Research, 1999 (11): 93 – 104.

[38] Curry S J, Clayton R H. Business innovation strategies [J]. Business Quarterly, 1992, 56 (3): 121 – 126.

[39] Carlsson R H. Strategic governance: Creating value from the owner-board-management relationship [J]. Ivey Business Journal, 2002, 67 (1): 1 – 5.

[40] Courtney H, Kirkland J, Viguerie P. Strategy under uncertainty [J]. Harvard Business Review, 1997, 75 (6): 67 – 79.

[41] Collins C J, Clark, K D. Strategic human resource practices, top management team social networks, and firm performance: The role of human resource practices in creating organizational competitive advantage [J]. Academy of Management journal, 2003, 46 (6): 740 – 751.

[42] Daft R L, Weick K E. Toward a model of organizations as interpretation systems [J]. Academy of Management Review, 1984, 9 (2): 284 – 295.

[43] Dalton D R., Daily C M., Ellstrand, A. E. and Johnson, J. L. Meta-analytic reviews of board composition, leadership structure, and financial performance [J]. Strategic Management Journal, 1998, 19 (3): 269 – 290.

[44] Dalziel T, Gentry R J. and Bowerman, M. An integrated agency-resource dependence View of the influence of directors' human and relational capital on firms' R&D spending [J]. Journal of Management Studies, 2011, 48 (6): 1217 – 1242.

[45] Dewar R D, Dutton J E. The adoption of radical and incremental innovations: an empirical analysis [J]. Management Science, 1986, 32 (11): 1422 – 1433.

[46] Datta D K, Rajagopalan N, Zhang Y. New CEO openness to change and strategic persistence: The moderating role of industry characteristics [J]. British Journal of Management, 2003, 14 (2): 101 – 114.

[47] Duncan R B. Characteristics of organizational environments and per-

ceived environmental uncertainty [J]. Administrative Science Quarterly, 1972, 17 (3): 313 – 327.

[48] Davis J H, Schoorman F D, Donaldson L. Toward a stewardship theory of management [J]. Academy of Management Review, 1997, 22 (1): 20 – 47.

[49] Davis G F. Agents without principles? The spread of the poison pill through the intercorporate network [J]. Administrative Science Quarterly, 1991: 583 – 613.

[50] Downey H K, Slocum J W. Uncertainty: Measures, research, and sources of variation [J]. Academy of Management Journal, 1975, 18 (3): 562 – 578.

[51] Dyer J H, Specialized supplier networks as a source of competitive advantage: evidence from the auto industry [J]. Strategic Management Journal, 1996, 17 (4): 271 – 291.

[52] Donaldson L A. Rational basis for criticisms of organizational economics: A reply to Barney [J]. Academy of Management Review, 1990, 15 (3): 394 – 401.

[53] Damanpour F. Organizational innovation: A meta-analysis of effects of determinants and moderators [J]. Academy of Management Journal, 1991, 34 (3): 555 – 590.

[54] Dougherty D, Bowman E H. The effects of organizational downsizing on product innovation [J]. California Management Review, 1995, 37 (4): 28 – 44.

[55] Dearborn D C, Simon H A. Selective perception: A note on the departmental identifications of executives, Sociometry, 1958.

[56] Eisenhardt K M, Schoonhoven C B. Organizational growth: Linking founding team, strategy, environment, and growth among US semiconductor ventures, 1978 – 1988 [J]. Administrative Science Quarterly, 1990: 504 – 529.

[57] Elbanna S, Child J. Influences on strategic decision effectiveness: Development and test of an integrative model [J]. Strategic Management Journal, 2007, 28 (4): 431 – 453.

[58] Finkelstein S, Hambrick D C. Strategic leadership: Top executives and their effects on organizations [M]. West Publishing Company, New York, 1996.

[59] Fama E F, Jensen M C. Separation of ownership and control [J]. Journal of Law and Economics, 1983: 301 – 325.

［60］Ferris S P, Jagannathan M, Pritchard A C. Too busy to mind the business? Monitoring by directors with multiple board appointments ［J］. Journal of Finance, 2003, 58 (3): 1087 – 1112.

［61］Fich E M, Shivdasani A. Are busy boards effective monitors? ［J］. Journal of Finance, 2006, 61 (2): 689 – 724.

［62］Fligstein N, Brantley P. Bank control, owner control, or organizational dynamics: Who controls the large modern corporation? ［J］. American Journal of Sociology, 1992: 280 – 307.

［63］Fahey L, Narayanan V K. Macro-environmental analysis for strategic management ［M］. New York: West Publishing Company, 1986.

［64］Falemo B. The firm's external persons: entrepreneurs or network actors? ［J］. Entrepreneurship & Regional Development, 1989, 1 (2): 167 – 177.

［65］Fischer M M. Innovation, knowledge creation and systems of innovation ［J］. The Annals of Regional Science, 2001, 35 (2): 199 – 216.

［66］Granovetter M. Economic action and social structure the problem of embeddedness ［J］. American Journal of Sociology, 1985, 91 (3): 156 – 174 .

［67］Granovetter M S. Problems of explanation in economic sociology. In N. Nohria & R. Eccles (Eds.), Networks and Organizations: Structure, Form, and Action, Boston: Harvard Business School Press, 1992: 25 – 26.

［68］Gemünden H G, Heydebreck P, Herden R. Technological interweavement: a means of achieving innovation success ［J］. R&D Management, 1992, 22 (4): 359 – 376.

［69］Gilbert J T. Choosing an innovation strategy: Theory and practice ［J］. Business Horizons, 1994, 37 (6): 16 – 22.

［70］Golden B R, Zajac E J. When will boards influence strategy? Inclination × power = strategic change ［J］. Strategic Management Journal, 2001, 22 (12): 1087 – 1111.

［71］Gradstein M, Justman M. Human capital, social capital, and public schooling ［J］. European Economic Review, 2000, 44 (4): 879 – 890.

［72］Gulati R, Westphal J D. Cooperative or controlling? The effects of CEO-board relations and the content of interlocks on the formation of joint ventures ［J］. Administrative Science Quarterly, 1999, 44 (3): 473 – 506.

［73］Gulati R. Does familiarity breed trust? The implications of repeated ties for contractual choice in alliances ［J］. Academy of management journal, 1995, 38 (1): 85 – 112.

［74］Gulati R. Network location and learning: The influence of network resources and firm capabilities on alliance formation ［J］. Strategic Management Journal, 1999, 20 (5): 397 – 420.

［75］Goodstein J G, Boeker W B. Turbulence at the top: A new perspective on governance structure changes and strategic change ［J］. Academy of Management Journal, 1991, 34 (2): 306 – 330.

［76］Gadhoum Y. Corporate governance and top managers: Potential sources of sustainable competitive advantage ［J］. Human Systems Management, 1998, 17 (3): 205 – 222.

［77］Haleblian J, Finkelstein S. Top management team size, CEO dominance, and firm performance: The moderating roles of environmental turbulence and discretion ［J］. Academy of Management Journal, 1993, 36 (4): 844 – 863.

［78］Hambrick D C. Environment, strategy, and power within top management teams ［J］. Administrative Science Quarterly, 1981: 253 – 275.

［79］Hambrick D C, Mason P A. Upper echelons: Organizations as a reflection of its managers ［J］. Academy of Management Review, 1984, 9 (2): 193 – 206.

［80］Hambrick D C, Cho T S. and Chen, M. J. The influence of top management team heterogeneity on firms' competitive moves ［J］. Administrative Science Quarterly, 1996: 659 – 684.

［81］Hambrick D. Upper echelons theory: An update ［J］. Academy of Management Review, 2007, 32 (2): 334 – 343.

［82］Hargadon A, Sutton R I. Technology brokering and innovation in a product development firm ［J］. Administrative Science Quarterly, 1997: 716 – 749.

［83］Haunschild P R. Interorganizational imitation: The impact of interlocks on corporate acquisition activity ［J］. Administrative Science Quarterly, 1993: 564 – 592.

［84］Haunschild P R. and Beckman C M. When do interlocks matter? Alternate sources of information and interlock influence ［J］. Administrative Science Quarterly, 1998: 815 – 844.

［85］Henderson R M, Clark K B. Architectural innovation: the reconfiguration of existing product technologies and the failure of established firms ［J］. Administrative Science Quarterly, 1990: 9 – 30.

［86］Hill C W, Snell S A. External control, corporate strategy, and firm performance in research intensive industries ［J］. Strategic Management Journal, 1988, 9 （6）: 577 – 590.

［87］Haynes K T, Hillman A. The effect of board capital and CEO power on strategic change ［J］. Strategic Management Jouranl, 2010, 31 （11）: 1145 – 1163.

［88］Hillman A J, Cannella A A. Paetzold R L. The resource dependence role of corporate directors: Strategic adaptation of board composition in response to environmental change ［J］. Journal of Management Studies, 2000, 37 （2）: 235 – 256.

［89］Hillman A J, Dalziel T. Boards of directors and firm performance: Integrating agency and resource dependence perspectives ［J］. Academy of Management Review, 2003, 28 （3）: 383 – 396.

［90］Hoffmann W H. Strategies for managing a portfolio of alliances ［J］. Strategic Management Journal, 2007, 28 （8）: 827 – 856.

［91］Henderson R M, Clark K B. Architectural innovation: the reconfiguration of existing product technologies and the failure of established firms ［J］. Administrative Science Quarterly, 1990: 9 – 30.

［92］Higgins J M. Innovation: the core competence ［J］. Strategy & Leadership, 1995, 23 （6）: 32 – 36.

［93］Jensen M C, Meckling W H. Theory of the firm: Managerial behavior, agency costs and ownership structure ［J］. Journal of Financial Economics, 1976, 3 （4）: 305 – 360.

［94］Judge W Q, Zeithaml C P. Institutional and strategic choice perspectives on board involvement in the strategic decision process ［J］. Academy of Management Journal, 1992, 35 （4）: 766 – 794.

［95］Jansen J J P, Van den Bosch F A J, Volberda H W. Exploratory innovation, exploitative innovation and ambidexterity: The impact of environmental and organizational antecedents ［J］. Schmalenbach Business Review, 2005, 57 （4）: 351 – 363.

[96] Justin T J, Litsschert R J. Environment-strategy relationship and its performance implications: An empirical study of the chinese electronics industry [J]. Strategic Management Journal, 1994, 15 (1): 1 –20.

[97] Jha S, Noori H, Michela J L. The dynamics of continuous improvement: Aligning organizational attributes and activities for quality and productivity [J]. International Journal of Quality Science, 1996, 1 (1): 19 –47.

[98] Johnson G, Scholes K, Whittington R. Exploring corporate strategy: text and cases [M]. London: Prentice Hall, 2005.

[99] Johnson S, Schnatterly K, Bolton J F, Tuggle C. Antecedents of new director social capital [J]. Journal of Management Studies, 2011, 48 (8): 1782 –1803.

[100] Katz R. The effects of group longevity on project communication and performance [J]. Administrative Science Quarterly, 1982, 27 (1): 81 –104.

[101] Keats B W, Hitt M A. A causal model of linkages among environmental dimensions, macro organizational characteristics, and performance [J]. Academy of Management Journal, 1988, 31 (3): 570 –598.

[102] Keister L A. Engineering growth: Business group structure and firm performance in china's transition economy [J]. American Journal of Sociology, 1998, 104 (2): 404 –440.

[103] Kim Y. Board network characteristics and firm performance in Korea [J]. Corporate Governance: An International Review, 2005, 13 (6): 800 –808.

[104] Koka B R, Madhavan R, Prescott J E. The evolution of interfirm networks: Environmental effects on patterns of network change [J]. Academy of Management Review, 2006, 31 (3): 721 –737.

[105] Koka B R, Prescott J E. Designing alliance networks: the influence of network position, environmental change, and strategy on firm performance [J]. Strategic Management Journal, 2008, 29 (6): 639 –661.

[106] Kriger M P, Rich P J J. Strategic governance: Why and how MNCs are using boards of directors in foreign subsidiaries [J]. Columbia Journal of World Business, 1987, 22 (4), 39 –46.

[107] Kor Y Y. Direct and interaction effects of top management team and board compositions on R&D investment strategy [J]. Strategic Management Jour-

nal, 2006, 27 (11): 1081 – 1099.

[108] Kreiser P, Marino L. Analyzing the historical development of the environmental uncertainty construct [J]. Management Decision, 2002, 40 (9): 895 – 905.

[109] Kuen-Hung T. The impact of technological capability on firm performance in Taiwan's electronics industry [J]. Journal of High Technology Management Research, 2004, (15): 183 – 195.

[110] Kumar T N. Strategic corporate governance: Looking beyond regulations [J]. ICFAI Journal of Corporate Governance, 2008, 7 (2): 42 – 57.

[111] Kang H, Cheng M, Gray S J. Corporate governance and board composition: diversity and independence of Australian boards [J]. Corporate Governance: An International Review, 2007, 15 (2): 194 – 207.

[112] Lawrence P R, Lorsch J W, Garrison J S. Organization and environment: Managing differentiation and integration [M]. Boston: Division of Research, Graduate School of Business Administration, Harvard University, 1967.

[113] Li H, Atuahene-Gima, K. Product innovation strategy and the performance of new technology ventures in China [J]. Academy of Management Journal, 2001, 44 (6): 1123 – 1134.

[114] Madhok, A. Reassessing the fundamentals and beyond: Ronald coase, the transaction cost and resource-based theories of the firm and the institutional structure of production [J]. Strategic Management Journal, 2002, 23 (6): 535 – 550.

[115] Martin G, Gözübüyük R, Becerra M. Interlocks and firm performance: The role of uncertainty in the directorate interlock-performance relationship [J]. Strategic Management Journal, 2013.

[116] Miles R E, Snow C C, Meyer A D, Coleman H J. Organizational strategy, structure, and process [J]. Academy of Management Review, 1978, 3 (3): 546 – 562.

[117] Miller D. Relating Porter's business strategies to environment and structure: Analysis and performance implications [J]. Academy of Management Journal, 1988, 31 (2): 280 – 308.

[118] Zaltman G, Duncan R, Holbek J. Innovationsand organizations [J]. New York Wiley. Organizational Change and Innovation: Perspectives and Practices

in Europe. London: Routledge, 1973, 20 (3746): 193 – 210.

［119］Miller T, del Carmen Triana M. Demographic diversity in the board-room: Mediators of the board diversity-firm performance relationship ［J］. Journal of Management Studies, 2009, 46 (5): 755 – 786.

［120］Mizruchi M S. What do interlocks do? An analysis, critique and assessment of research on interlocking directorates ［J］. Annual Review of Sociology, 1996, 22: 271 – 298.

［121］Mizruchi M S, Stearns L B. A longitudinal study of the formation of interlocking directorates ［J］. Administrative Science Quarterly, 1988, 33: 194 – 210.

［122］Mahadeo J D, Soobaroyen T, Hanuman V O. Board composition and financial performance: Uncovering the effects of diversity in an emerging economy ［J］. Journal Business Ethics, 2012, 105 (3): 375 – 388.

［123］Milliken F J. Three types of perceived uncertainty about the environment: State, effect, and response uncertainty ［J］. Academy of Management Review, 1987, 12 (1): 133 – 143.

［124］McEvily B, Marcus A. Embedded ties and the acquisition of competitive capabilities ［J］. Strategic Management Journal, 2005, 26 (11): 1033 – 1055.

［125］Maman D. Research: Interlocking ties within business groups note in Israel: A longitudinal analysis, 1974 – 1978 ［J］. Organization Studies, 1999, (12): 345 – 351.

［126］Marquish D G. The anatomy of successful innovation ［J］. Winthrop Publishes, Cambridge, 1982.

［127］Mitchell W, Singh K. Survival of businesses using collaborative relationships to commercialize complex goods ［J］. Strategic Management Jjournal, 1996, 17 (3): 169 – 195.

［128］Naranjo-Gil D, Hartmann F, Maas V S. Top management team heterogeneity, strategic change and operational performance ［J］. British Journal of Management, 2008, 19 (3): 222 – 234.

［129］Palmer D A, Jennings P D. and Zhou X. Late adoption of the multidivisional form by large US corporations: Institutional, political, and economic accounts ［J］. Administrative Science Quarterly, 1993: 100 – 131.

［130］Parsons A J. Building innovativeness in large US corporations ［J］.

Journal of Consumer Marketing, 1992, 9 (2): 35 – 50.

［131］Phan P H, Lee S H, Lau S C. The performance impact of interlocking directorates: the case of Singapore ［J］. Journal of Managerial Issues, 2003: 338 – 352.

［132］Priem R L, Rasheed A M, Kotulic A G. Rationality in strategic decision processes, environmental dynamism and firm performance ［J］. Journal of Management, 1995, 21 (5): 913 – 929.

［133］Podolny J M. A status-based model of market competition ［J］. American Journal of Sociology, 1993, 98: 829-872.

［134］Podolny J M. Market uncertainty & social character of economic exchange ［J］. Administrative Science Quarterly, 1994, 39: 458 – 483.

［135］Podolny J M. Networks as the pipes and prisms of the market ［J］. American Journal of Sociology, 2001, 107: 33 – 60.

［136］Peng M W. Outside directors and firm performance during institutional transitions ［J］. Strategic Management Journal, 2004, 25: 453 – 471.

［137］Pennings J M. Interlocking directorates ［M］. Jossey-Bass: San Francisco, CA, 1980.

［138］Ratnatunga J, Alam M. Strategic governance and management accounting: Evidence from a case study ［J］. Abacus, 2011, 47 (3): 343 – 382.

［139］Powell W W, Koput K W, Smith-Doerr L et al.. Network position and firm performance: Organizational returns to collaboration in the biotechnology industry ［J］. Research in the Sociology of Organizations, 1999, 16 (1): 129 – 159.

［140］Pfeffer J, Salancik G R. The external control of organizations: A resource dependence perspective ［M］. New York: Pitman Press, 1978.

［141］Pfeffer J. Organizational demography ［J］. Research in Organizational Behavior, 1983, 5 (2): 299 – 357.

［142］Priem R L, Love L G, Shaffer M A. Executives' perceptions of uncertainty sources: A numerical taxonomy and underlying dimensions ［J］. Journal of Management, 2002, 28 (6): 725 – 746.

［143］Porter M E. The competitive advantage of notions ［J］. Harvard Business Review, 1990: 73 – 93.

［144］Renneboog L, Zhao Y. Us knows us in the UK: On director networks and CEO compensation [J]. Journal of Corporate Finance, 2011, 17 (4): 1132 – 1157.

[145] Richardson R J. Directorship interlocks and corporate profitability [J]. Administrative Science Quarterly, 1987: 367 – 386.

[146] Rosenstein S, Wyatt J G. Outside directors, board independence, and shareholder wealth [J]. Journal of Financial Economics, 1990, 26 (2): 175 – 191.

[147] Rosenstein S, Wyatt J G. Shareholder wealth effects when an officer of one corporation joins the board of directors of another [J]. Managerial and Decision Economics, 1994, 15 (4): 317 – 327.

[148] Rowley T, Behrens D, Krackhardt D. Redundant governance structures: An analysis of structural and relational embeddedness in the steel and semiconductor industries [J]. Strategic Management Journal, 2000, 21 (3): 369 – 386.

[149] Rebeiz K, Salameh Z. Relationship between governance structure and financial performance in construction [J]. Journal of Management in Engineering, 2006, 22 (1): 20 – 26.

[150] Reese P R. Entrepreneurial networks and resource acquisition: does gender make a difference? [D]. University of North Carolina at Chapel Hill, 1992.

[151] Salman N, Saives A L. Indirect networks: an intangible resource for biotechnology innovation [J]. R&D Management, 2005, 35 (2): 203 – 215.

[152] Saloner S, Podolny J M. Strategic Management [M]. New York: Wiley, 2001.

[153] Sarkar J. Board independence & corporate governance in India: Recent trends & challenges ahead [J]. Indian Journal of Industrial Relations, 2009, 44 (4): 576 – 592.

[154] Sarkar J, Sarkar S. Multiple board appointments and firm performance in emerging economies: Evidence from India [J]. Pacific-Basin Finance Journal, 2009, 17 (2): 271 – 293.

[155] Schmidt S L, Brauer M. Strategic governance: How to assess board effectiveness in guiding strategy execution [J]. Corporate Governance: An International Review, 2006, 14 (1): 13 – 22.

[156] Schoorman F D, Bazerman M H, Atkin R S. Interlocking directorates:

A strategy for reducing environmental uncertainty [J]. Academy of Management Review, 1981, 6 (2): 243 – 251.

[157] Shivdasani A, Yermack D. CEO involvement in the selection of new board members: An empirical analysis [J]. The Journal of Finance, 1999, 54 (5): 1829 – 1853.

[158] Stuart T E, Yim S. Board interlocks and the propensity to be targeted in private equity transactions [J]. Journal of Financial Economics, 2010, 97 (1): 174 – 189.

[159] Siciliano J I. Board involvement in strategy and organizational performance [J]. Journal of General Management, 2005, 30 (4): 1 – 10.

[160] Samson D, Terziovski M. The relationship between total quality management practices and operational performance [J]. Journal of Operations Management, 1999, 17: 393 – 409.

[161] Sutcliffe K M, Zaheer A. Uncertainty in the transaction environment: An empirical test [J]. Strategic Management Journal, 1998, 19: 1 – 23.

[162] Shipilov A V, Li S X. Can you have your cake and eat it too? Structural holes' influence on status accumulation and market performance in collaborative networks [J]. Administrative Science Quarterly, 2008, 53 (1): 73 – 108.

[163] Srivastava A, Lee H. Predicting order and timing of new product moves: the role of top management in corporate entrepreneurship [J]. Journal of Business Venturing, 2005, 20 (4): 459 – 481.

[164] Tihanyi L, Ellstrand A., Daily C M, Dalton D R. Composition of the top management team and firm international diversification [J]. Journal of Management, 2000, 26 (6): 1157 – 1177.

[165] Tushman M, Nadler D. Organizing for innovation [J]. California Management Review, 1986, 28 (3): 74 – 92.

[166] Tuggle C S, Schnatterly K, Johnson R A. Attention patterns in the boardroom: How board composition and processes affect discussion of entrepreneurial issues [J]. Academy of Management Journal, 2010, 53 (3): 550 – 571.

[167] Thompson J D. Organizations in action: Social science bases of administrative [M]. Transaction Publishers, 1967.

[168] Uzzi B, Gillespie J J. Knowledge spillover in corporate financing net-

works: Embeddedness and the firm's debt performance [J]. Strategic Management Journal, 2002, 23 (7): 595 – 618.

[169] Useem M. The Inner Circle [M]. Oxford University Press: New York, 1984.

[170] Uzzi B. Social structure and competition inter-firm networks: the paradox of embeddedness [J]. Administrative Science Quarterly, 1997, 42: 35 – 67.

[171] Uzzi B. The sources and consequences of embeddedness for the economic performance of organizations: The network effect [J]. American Sociological Review, 1996: 674 – 698.

[172] Uzzi B, Gillespie J J. Knowledge spillover in corporate financing networks: embeddedness and the firm's debt performance [J]. Strategic Management Journal, 2002, 23: 595 – 618.

[173] Van der Walt N, Ingley C. Evaluating board effectiveness: The changing context of strategic governance [J]. Journal of Change Management, 2000, 1 (4): 313 – 331.

[174] Vance S C. Corporate leadership: Boards, directors, and strategy [M]. New York: McGraw-Hill, 1983.

[175] Wally S, Baum J R. Personal and structural determinants of the pace of strategic decision making [J]. Academy of Management Journal, 1994, 37 (4): 932 – 956.

[176] Walt N, Ingley C. Board dynamics and the influence of professional background, gender and ethnic diversity of directors [J]. Corporate Governance: An International Review, 2003, 11 (3): 218 – 234.

[177] Weisbach M S. Outside directors and CEO turnover [J]. Journal of Financial Economics, 1988, 20: 431 – 460.

[178] Wenger E, Kaserer C. German banks and corporate governance: A critical view comparative corporate governance [J]. The State of the Art and Emerging Research, 1998: 499 – 536.

[179] Westphal J D. Collaboration in the boardroom: Behavioral and performance consequences of CEO-board social ties [J]. Academy of Management Journal, 1999, 42 (1): 7 – 24.

[180] Wiersema M F, Bantel K A. Top management team demography and

corporate strategic change [J]. Academy of Management Journal, 1992, 35 (1): 91 – 121.

[181] Williamson O E. Comparative economic organization: The analysis of discrete structural alternatives [J]. Administrative Science Quarterly, 1991: 269 – 296.

[182] Wincent J, Anokhin S, Örtqvist D. Does network board capital matter? A study of innovative performance in strategic SME networks [J]. Journal of Business Research, 2010, 63 (3): 265 – 275.

[183] Yeo H J, Poche C, Alcouffe A. CEO reciprocal interlocks in French corporations [J]. Journal of Management and Governance, 2003, 7 (1): 87 – 108.

[184] Zaheer A, Venkatraman N. Relational governance as an interorganizational strategy: An empirical test of the role of trust in economic exchange [J]. Strategic Management Journal, 1995, 16 (5): 373 – 392.

[185] Zaheer A, Bell G G. Benefiting from network position: firm capabilities, structural holes, and performance [J]. Strategic Management Journal, 2005, 26 (9): 809 – 825.

[186] Zahra S A. Technology strategy and new venture performance: A study of corporate-sponsored and independent biotechnology ventures [J]. Journal of Business Venturing, 1996, 11 (4): 289 – 321.

[187] Zahra S A, Neubaum D O, Huse M. Entrepreneurship in medium-size companies: exploring the effects of ownership and governance systems [J]. Journal of Management, 2000, 26 (5): 947 – 976.

[188] Zajac E J. Interlocking directorates as an interorganizational strategy: A test of critical assumptions [J]. Academy of Management Journal, 1988, 31 (2): 428 – 438.

[189] Zeitlin M. Corporate ownership and control: The large corporation and the capitalist class [J]. American Journal of Sociology, 1974: 1073 – 1119.

[190] Zenger T R, Lawrence B S. Organizational demography: The differential effects of age and tenure distributions on technical communication [J]. Academy of Management Journal, 1989, 32 (2): 353 – 376.

[191] Apesteguia J, Azmat G, Iriberri N. The impact of gender composition

on team performance and decision making: Evidence from the field [J]. Management Science, 2010, 58 (1): 78 – 93.

[192] Hoogendoorn S, Oosterbeek H, Praag M V. The impact of gender diversity on the performance of business teams: Evidence from a field experiment [J]. Management Science, 2013, 59 (7): 1514 – 1528.

[193] 宝贡敏, 杨静. 企业技术管理在技术创新中的角色——基于浙江省企业的研究 [J]. 科学学研究, 2004, 22 (5): 546 – 551.

[194] 陈仕华, 王春林. 连锁董事渐次流行和规模边界问题研究 [J]. 东北财经大学学报, 2007 (1): 13 – 17.

[195] 陈仕华. 公司治理的社会嵌入性: 来自连锁董事的启示 [J]. 经济管理, 2009 (4): 50 – 56.

[196] 陈收, 舒晴, 杨艳. 环境不确定性对企业战略变革与绩效关系的影响 [J]. 系统工程, 2012, 30 (9): 1 – 8.

[197] 段海艳. 连锁董事关系网络对企业绩效影响研究 [J]. 商业经济与管理, 2009 (4): 38 – 44.

[198] 段海艳. 连锁董事, 组织冗余与企业创新绩效关系研究 [J]. 科学学研究, 2012, 30 (4): 631 – 640.

[199] 傅家骥. 技术创新学 [M]. 北京: 清华大学出版社, 1998.

[200] 费显政. 资源依赖学派之组织与环境关系理论评介 [J]. 武汉大学学报 (哲学社会科学版), 2005, 58 (4): 451 – 455.

[201] 冯根福, 温军. 中国上市公司治理与企业技术创新关系的实证分析 [J]. 中国工业经济, 2008 (7): 91 – 101.

[202] 高建. 中国企业技术创新分析 [M]. 北京: 清华大学出版社, 1997.

[203] 古家军, 胡蓓. 企业高层管理团队特征异质性对战略决策的影响——基于中国民营企业的实证研究 [J]. 管理工程学报, 2008, 22 (3): 30 – 35.

[204] 何强, 陈松. 董事会学历分布与 R&D 投入: 基于制造业上市公司的实证研究 [J]. 软科学, 2011, 25 (2): 121 – 126.

[205] 卢昌崇. 公司治理论 [M]. 大连: 东北财经大学出版社, 1999.

[206] 卢昌崇, 陈仕华. 连锁董事理论: 来自中国企业的实证检验 [J]. 中国工业经济, 2006 (1): 113 – 119.

［207］卢昌崇，陈仕华．断裂联结重构：连锁董事及其组织功能［J］．管理世界，2009（5）：152－165.

［208］李垣，王龙伟，谢恩．动态环境下组织资源对战略变化的影响研究［J］．管理学报，2004，1（1）：58－61.

［209］刘玉敏．我国上市公司董事会效率与公司绩效［J］．南开管理评论，2006，9（1）：84－90.

［210］刘涛，朱敏．动态性环境中企业连锁董事与绩效关系的实证研究［J］．软科学，2009，23（6）：93－97.

［211］李前兵．董事长特征，董事会独立性与公司创新绩效［J］．现代管理科学，2010（10）：61－63.

［212］罗珉，高强．中国网络组织：网络封闭和结构洞的悖论［J］．中国工业经济，2011（11）：90－99.

［213］刘星，吴先聪．机构投资者异质性，企业产权与公司绩效——基于股权分置改革前后的比较分析［J］．中国管理科学，2011，19（5）：182－192.

［214］刘小元，李永壮．董事会，资源约束与创新环境影响下的创业企业研发强度——来自创业板企业的证据［J］．软科学，2012，26（6）：99－104.

［215］李小青．董事会认知异质性对企业价值影响研究——基于创新战略中介作用的视角［J］．经济与管理研究，2012（8）：14－22.

［216］毛成林，任兵．公司治理与连锁董事间的网络［J］．中国软科学，2005（12）：127－132.

［217］马富萍，郭晓川．高管团队异质性与技术创新绩效的关系研究：以高管团队行为整合为调节变量［J］．科学学与科学技术管理，2010（12）：186－191.

［218］梁丹，葛玉辉，陈悦明．结构洞理论在高管团队社会资本中应用研究展望［J］．华东经济管理，2010，24（4）：97－99.

［219］彭正银，廖天野．连锁董事的治理效应分析——基于内在机理视角的探讨［J］．南开管理评论，2008，11（1）：99－105.

［220］彭伟，符正平．联盟网络对企业竞争优势的影响：知识资源获取的中介效应与环境不确定性的调节效应［J］．软科学，2012，26（4）：17－22.

［221］任兵，区玉辉．企业连锁董事在中国［J］．管理世界，2001（6）：

132 – 141.

[222] 任兵. 连锁董事的企业间网络与公司治理 [J]. 首都经济贸易大学学报, 2005, 7 (1): 38 – 42.

[223] 任兵, 区玉辉, 彭维刚. 连锁董事与公司绩效: 针对中国的研究 [J]. 南开管理评论, 2007, 10 (1): 8 – 15.

[224] 孙海法, 伍晓奕. 企业高层管理团队研究的进展 [J]. 管理科学学报, 2003, 6 (4): 82 – 89.

[225] 宋增基, 张宗益. 中国上市公司董事会治理与公司绩效实证分析 [J]. 重庆大学学报, 2003, 26 (12): 122 – 125.

[226] 宋河发, 穆荣平, 任中保. 自主创新及创新自主性测度研究 [J]. 中国软科学, 2006 (6): 60 – 66.

[227] 田高良, 李留闯, 齐保垒. 连锁董事, 财务绩效和公司价值 [J]. 管理科学, 2011, 24 (3): 13 – 24.

[228] 王益谊, 席酉民, 毕鹏程. 组织环境的不确定性研究综述 [J]. 管理工程学报, 2005 (1): 46 – 50.

[229] 汪丽, 茅宁, 龙静. 管理者决策偏好, 环境不确定性与创新强度——基于中国企业的实证研究 [J]. 科学学研究, 2012, 30 (7): 1101 – 1109.

[230] 王鹏飞, 周建. 董事会战略介入模式研究——基于董事会能力的分析 [J]. 外国经济与管理, 2012, 33 (12): 33 – 41.

[231] 王松, 盛亚. 不确定环境下集群创新网络合作度, 开放度与集群增长绩效研究 [J]. 科研管理, 2013, 34 (2): 52 – 61.

[232] 魏立群, 王智慧. 我国上市公司高管特征与企业绩效的实证研究 [J]. 南开管理评论, 2002 (4): 16 – 22.

[233] 魏乐, 张秋生, 赵立彬. 连锁董事网络对企业并购影响的实证研究 [J]. 西北农林科技大学学报 (社会科学版), 2013, 13 (3): 104 – 110.

[234] 谢凤华, 姚先国, 古家军. 高层管理团队异质性与企业技术创新绩效关系的实证研究 [J]. 科研管理, 2008 (6): 65 – 73.

[235] 徐伟, 尹元甲. 基于创新型企业的董事会与创新投入实证研究 [J]. 科技管理研究, 2011, 31 (20): 104 – 107.

[236] 严潮斌. 产业创新: 提升产业竞争力的战略选择 [J]. 北京邮电大学学报 (社会科学版), 1999, 3 (1): 6 – 10.

[237] 余来文, 杜跃平, 安立仁. 动态环境下的企业战略变革研究 [J].

当代经济管理, 2006, 28 (1): 12 - 15.

[238] 杨倩, 魏纪泳. 上市公司治理结构对技术创新投入的影响——基于中小企业板的实证研究 [J]. 铜陵学院学报, 2010, 9 (1): 37 - 39.

[239] 尹翠芳, 崔胜朝, 周建. 董事会与公司战略关系: 战略治理研究的焦点 [J]. 中国社会科学报, 2011 (11): 1 - 3.

[240] 周晓东, 项保华. 复杂动态环境, 动态能力及战略与环境的匹配关系 [J]. 经济管理, 2003 (20): 12 - 18.

[241] 张平华. 中国企业管理创新 [M]. 北京: 中国发展出版社, 2004.

[242] 张慧, 安同良. 中国上市公司董事会学历分布与公司绩效的实证分析 [J]. 经济科学, 2006 (5): 113 - 120.

[243] 张平. 多元化经营环境下高层管理团队异质性与企业绩效 [J]. 科学学与科学技术管理, 2006, 27 (2): 114 - 118.

[244] 朱伟民. 企业创新的组织基础 [M]. 北京: 经济科学出版社, 2007.

[245] 周杰, 薛有志. 公司内部治理机制对 R&D 投入的影响——基于总经理持股与董事会结构的实证研究 [J]. 研究与发展管理, 2008, 20 (3): 1 - 9.

[246] 郑方. 治理与战略的双重嵌入性: 基于连锁董事网络的研究 [J]. 中国工业经济, 2011 (9): 108 - 118.

[247] 赵旭峰, 温军. 董事会治理与企业技术创新: 理论与实证 [J]. 当代经济科学, 2011 (3): 110 - 116.

[248] 周建, 金媛媛, 刘小元. 董事会资本研究综述 [J]. 外国经济与管理, 2010, 32 (12): 27 - 35.

[249] 周建, 李小青. 董事会认知异质性对公司创新战略影响的实证研究 [J]. 管理科学, 2012, 25 (6): 1 - 12.

[250] 周建, 张文隆, 刘琴, 等. 商业银行董事会治理与创新关系研究——基于沪深两市上市公司的经验证据 [J]. 山西财经大学学报, 2012 (3): 45 - 52.

[251] 周建, 任尚华, 金媛媛, 李小青. 董事会资本对企业 R&D 支出的影响研究: 基于中国沪深两市高科技上市公司的经验证据 [J]. 研究与发展管理, 2012, 24 (1): 67 - 77.

[252] 周建, 金媛媛, 袁德利. 董事会人力资本, CEO 权力对企业研发投

入的影响研究——基于中国沪深两市高科技上市公司的经验证据 [J]. 科学学与科学技术管理, 2013, 34 (3): 170 - 180.

[253] 周建, 尹翠芳, 陈素蓉. 公司战略治理研究述评与展望 [J]. 外国经济与管理, 2013, 35 (10): 31 - 42.

[254] 章丹, 胡祖光. 网络结构洞对企业技术创新活动的影响研究 [J]. 科研管理, 2013, 34 (6): 34 - 41.

[255] 杨威, 吕星嬴. 合资企业董事会结构与企业绩效关系 [J]. 经济与管理研究, 2017, 38 (5): 105 - 112.

[256] 徐叶琴, 宋增基. 公司董事会治理与公司绩效实证研究 [J]. 生产力研究, 2008 (16): 31 - 33.

[257] 宋增基, 李春红, 卢溢洪. 董事会治理、产品市场竞争与公司绩效: 理论分析与实证研究 [J]. 管理评论, 2009, 21 (9): 120 - 128.

[258] 王明杰, 朱如意. 上市公司女性董事对公司绩效影响研究 [J]. 统计与决策, 2010 (5): 145 - 148.

[259] 谭庆美, 何娟, 马娇. 董事会结构、股权结构与中小企业绩效 [J]. 广东金融学院学报, 2011, 26 (3): 16 - 33.

[260] 方刚. 制度距离、董事会能力与绩效的实证分析 [J]. 现代管理科学, 2013 (10): 54 - 56 + 63.

[261] 张琨, 杨丹. 董事会性别结构、市场环境与企业绩效 [J]. 南京大学学报 (哲学·人文科学·社会科学版), 2013, 50 (5): 42 - 52.

[262] 梁栋桢, 金太军. 产权差异、董事会特征与公司绩效 [J]. 河南社会科学, 2014, 22 (6): 71 - 76 + 123.

[263] 陈悦, 朱晓宇, 刘则渊. 董事会资本与企业绩效关系的实证研究 [J]. 大连理工大学学报 (社会科学版), 2015, 36 (4): 23 - 29.

[264] 严子淳, 李国栋, 马程程. 经济新常态下董事会人力资本与企业绩效研究 [J]. 现代管理科学, 2016 (6): 115 - 117.

[265] 胡元木, 纪端. 董事技术专长、创新效率与企业绩效 [J]. 南开管理评论, 2017, 20 (3): 40 - 52.

[266] 李玲, 白昆艳, 张巍. 董事会异质性、组织冗余与企业创新战略 [J]. 科技管理研究, 2018, 38 (2): 223 - 230.

[267] 李东升, 杨荣. 董事会内在特征与上市企业绩效——基于董事会资本与董事会独立性状态视角 [J]. 首都经济贸易大学学报, 2020, 22 (2):

79 - 90.

[268] 马连福, 张琦, 王丽丽. 董事会网络位置与企业技术创新投入——基于技术密集型上市公司的研究 [J]. 科学学与科学技术管理, 2016, 37 (4): 126 - 136.

[269] 刘建华, 等. 董事会特征、创新投入与品牌价值——基于内生性视角的实证研究 [J]. 管理评论, 2019, 31 (12): 136 - 145.

[270] 李小青, 王梦洁, 王玉坤. 董事会资本、高管薪酬激励与企业 R&D 投入——基于我国创业板上市公司的经验证据 [J]. 技术经济与管理研究, 2018 (7): 57 - 62.

[271] 李长娥, 谢永珍. 产品市场竞争、董事会异质性对技术创新的影响——来自民营上市公司的经验证据 [J]. 华东经济管理, 2016, 30 (8): 115 - 123.

[272] 朱健, 等. 董事会人力资本、外部社会资本对企业创新投入的影响 [J]. 财经理论与实践, 2019, 40 (6): 78 - 84.

[273] 李维安, 刘振杰, 顾亮. 董事会异质性、董事会断裂带与银行风险承担——金融危机下中国银行的实证研究 [J]. 财贸研究, 2014, 25 (5): 87 - 98.

[274] 张伟华, 王斌, 黄甲. 董事会异质性、行业环境与公司战略调整 [J]. 科学决策, 2016 (5): 50 - 74.

[275] 赵丙艳, 葛玉辉, 刘喜怀. 高管团队异质性、行为整合对决策绩效的影响——基于我国物流企业的实证研究 [J]. 中国流通经济, 2015, 29 (7): 54 - 60.

[276] 曲亮, 沈伶俐. 连锁董事网络对企业创新和绩效的影响机制研究——以长三角地区为例 [J]. 南通大学学报 (社会科学版), 2017, 33 (3): 15 - 20.

[277] 范建红, 陈怀超. 董事会社会资本对企业研发投入的影响研究——董事会权力的调节效应 [J]. 研究与发展管理, 2015, 27 (5): 22 - 33.

[278] 雷辉, 马伟. 企业网络位置与创新战略程度的关系研究 [J]. 华东经济管理, 2016, 30 (5): 133 - 139.

[279] 严若森, 华小丽. 环境不确定性、连锁董事网络位置与企业创新投入 [J]. 管理学报, 2017, 14 (3): 373 - 381 + 432.

[280] 张丹, 郝蕊. 连锁董事网络能够促进企业技术创新绩效吗?——基

于研发投入的中介效应研究［J］. 科技管理研究，2018，38（12）：183 – 191.

［281］严若森，华小丽，钱晶晶. 组织冗余及产权性质调节作用下连锁董事网络对企业创新投入的影响研究［J］. 管理学报，2018，15（2）：217 – 229.

［282］秦兴俊，王柏杰. 股权结构、公司治理与企业技术创新能力［J］. 财经问题研究，2018（7）：86 – 93.

［283］吴伊，菡董斌. 独立董事网络位置与企业技术创新行为［J］. 现代经济探讨，2020（9）：76 – 88.